集 刊 名：都市社会工作研究
主办单位：上海大学社会学院社会工作系
主 编：范明林 杨 锃

Vol.12 RESEARCH ON URBAN SOCIAL WORK

第12辑

集刊序列号：PIJ-2016-184
中国集刊网：www.jikan.com.cn
集刊投约稿平台：www.iedol.cn

RESEARCH ON URBAN SOCIAL WORK Vol.12

中文社会科学引文索引（CSSCI）来源集刊

范明林　杨　锃／主编

都市社会工作研究

上海大学社会学院社会工作系主办

第12辑

SSAP
社会科学文献出版社
SOCIAL SCIENCES ACADEMIC PRESS (CHINA)

都市社会工作研究　第12辑
2022年12月出版

目　录

【儿童社会工作研究】

事实无人抚养儿童多维脆弱性与社会工作干预研究设计

——基于风险－脆弱性分析框架*

陈相云**

摘　要　事实无人抚养儿童多维脆弱性识别及干预是新时代聚焦特殊儿童群体、推动完善保障儿童权益、促进儿童发展的重要实践。监护人无实际抚养能力、关爱服务机制缺失、专业化干预不足等各种劣势因素的叠加致使事实无人抚养儿童暴露于不同的风险情境中，并在资产禀赋、情感表达、行为规范以及社会交往等方面呈现显著脆弱性，严重影响事实无人抚养儿童的健康成长。因此，以事实无人抚养儿童多维脆弱性为着眼点，设计社会工作干预方案具有必要性和紧迫性。事实无人抚养儿童多维脆弱性与社会工作干预研究设计以风险－脆弱性为分析框架，将情感抚慰、风险应对及自我效能感提升作为可塑性中介变量，以情绪管理、行为改变、社会服务体系整合、优势发掘及能力建设等为主题设计干预方案和搭建行动框架，旨在通过反脆弱性的综合保

* 本文为国家社会科学基金青年项目“事实无人抚养儿童脆弱性评估及社会工作干预研究”（项目编号：21CSH059）、河南省高校人文社会科学研究一般项目（项目编号：2022－ZZJH－372）的阶段性成果。

** 陈相云，河南科技大学人文学院讲师，主要研究方向为儿童社会工作理论与实务。

护建设提高事实无人抚养儿童抵御风险的能力，进而达成优化事实无人抚养儿童关爱服务体系以助其健康成长这一远端目标。当然，以上干预设计的具体成效需要在控制保真度的前提下通过实际干预进行检验。

关键词 事实无人抚养儿童 脆弱性 社会工作 干预手册

一 问题提出

事实无人抚养儿童是指父母双方均符合重残、重病、服刑在押、强制隔离戒毒、被执行其他限制人身自由的措施、失联、被撤销监护资格、被遣送（驱逐）出境情形之一的儿童；或者父母一方死亡或失踪，另一方符合重残、重病、服刑在押、强制隔离戒毒、被执行其他限制人身自由的措施、失联、被撤销监护资格、被遣送（驱逐）出境情形之一的儿童。民政部统计数据显示，截至2020年底，全国已有25.3万名事实无人抚养儿童被纳入保障范围，通过全国儿童福利信息系统分析发现，父母一方死亡，另一方符合失联、重残、失踪等情形之一的儿童有11.42万人，占比为45.1%；父母双方均重残的儿童有6.93万人，占比为27.4%；服刑人员子女有2.09万人，占比为8.3%。还有很多其他组合情形，如父母一方重残，另一方失联的儿童有0.77万人（倪春霞，2021）。当前事实无人抚养儿童暴露于不同的风险情境中，并在资产禀赋、行为表现、情绪表达等方面呈现显著脆弱性特征，这种特征不仅体现在物质和经济上，还体现在身心健康、教育获得等方面。2019年，民政部等部门在《关于进一步加强事实无人抚养儿童保障工作的意见》中突出强调优化事实无人抚养儿童关爱服务机制，引入青少年事务社工专业服务。2021年初，民政部等又联合颁发《关于进一步做好事实无人抚养儿童保障有关工作的通知》，进一步强调应当及时对处于危困状态的事实无人抚养儿童进行干预。既有政策虽然在认定流程、医疗康复以及教育资助等方面予以修订和完善，但事实无人抚养儿童监护人无实际抚养能力，加之关爱服务机制不健全，尤其是关爱服务支持和情感抚慰等方面的专业化服务与干预较为缺乏。鉴于此，本文基于风险-脆弱性分析框架，以多维脆弱性为切入点，从情感抚慰、风险应对及自我效能感提升等维度设计社会工作干预方案和搭建行动框架，致力于增强事实无人抚养儿童可持续发展能力，以应对外部环境变化所带来的多重风险。

二 文献综述

风险-脆弱性分析着重强调不同类型风险对研究对象的影响（向德平、周晶，2015）。本研究从事实无人抚养儿童成长风险研究、风险化解路径与策略研究以及干预研究三个方面进行文献阐述。

（一）事实无人抚养儿童成长风险研究

随着社会结构转型、家庭生活结构变迁和婚姻关系变动，儿童首先受到风险社会不稳定性增强的负面影响（贝克、邓正来、沈国麟，2010），特别是事实无人抚养儿童无法独立承担来自社会结构和制度的各种风险（刘继同，2016）。第一，生存风险。事实无人抚养儿童由于生存环境恶劣和监护人亲职能力履行缺失，通常面临收入来源不足、医疗保障匮乏、家庭生活贫困等生存难题，基本生活状况堪忧（王健、肖长卿，2017）。国家一般通过专项救助、低保、建档立卡等方式对该群体进行救助和帮扶，然而父母监护缺失和政策尚未形成合力致使事实无人抚养儿童营养不良、发育迟缓，整体生活质量相对较低。第二，身心健康风险。针对事实无人抚养儿童身心健康的研究发现，该群体心理和人格发展的障碍程度明显高于正常水平（Poehlmann et al.，2008），具有焦虑、退缩、自卑、偏激以及敏感等心理特征（毛平等，2020）。事实无人抚养儿童在成长过程中还面临行为偏差、自我管理能力降低、交往意识淡薄等问题（尚晓援、窦振芳，2014），尤其是父母重病、重残、死亡、失踪所带来的负向生命体验影响他们的人际交往和社会支持感知能力（Bryan，2017），进而促使事实无人抚养儿童倾向于采取攻击和回避等消极行为应对困境和压力（Hermens et al.，2017）。第三，监护缺失风险。亲权丧失是事实无人抚养儿童陷入困境的重要原因，以往他们赖以生存的家庭团结基本解体，替代性养护机制不健全让事实无人抚养儿童基本生活权益遭受损害，尤其是特殊的家庭背景和残缺的家庭结构极有可能被老师、邻里以及同辈群体污名化，继而致使事实无人抚养儿童被排斥在正常生活之外，长期处于不利和被动地位（高敏，2013）。第四，教育缺失风险。事实无人抚养儿童的家庭经济状况较差，往往无力承担教育方面的支出，加之监护人对教育资助政策的理解缺失，从而导致该类儿童学习兴趣不足、辍学现象严重（孟超，2013）。

（二）事实无人抚养儿童风险化解路径与策略研究

事实无人抚养儿童风险化解与支持即保障生存权、发展权、受保护权和参与权得以顺利实现。第一，构建多元支持体系。为增强事实无人抚养儿童抵御风险的能力，有学者强调通过合理划定社会支持主体责任来保护事实无人抚养儿童（黄晓燕、许文青，2013），构建国家干预、社区为本以及“以家庭为主体”的多元支持体系为其成长提供帮扶，织牢织密事实无人抚养儿童关爱保护网（雷杰、邓云，2016）。第二，加强物质支持。为避免因社会资源供给不足给事实无人抚养儿童成长带来极端危险，应加大政府和社会组织的资助力度（林艳琴，2018），按照与当地孤儿保障标准相衔接的原则为事实无人抚养儿童提供底线保障并发放基本生活补贴，为其营造安全无虞、健康发展的成长环境（张妤婕，2016）。第三，开展专业服务。通过政府购买服务和岗位等方式，动员社会协同治理，组织公民力量参与（张娟，2019），引入专业社会工作，为事实无人抚养儿童提供情感抚慰、心理疏导等服务（Murray et al.，2012）。第四，优化关爱服务机制。充分发挥儿童福利机构、专业社会组织等平台作用，对事实无人抚养儿童进行救助性和保护性介入，不仅提供养护、临时照料等关爱服务，还需要将事实无人抚养儿童教育资助纳入国家帮扶体系之中，保障其受教育权（张露，2018）。

（三）事实无人抚养儿童干预研究

事实无人抚养儿童干预研究主要包括心理治疗干预研究、心理社会干预研究、综合干预研究以及社会工作干预研究四种方法。第一，心理治疗干预研究。该方法主要通过认知行为干预减少事实无人抚养儿童焦虑、抑郁、消极等情绪障碍问题（Bergman et al.，2017），注重心理健康诊断和心理建设（冀未来，2009），但存在干预依从性较低、干预内容过于结构化等风险（Thastum et al.，2008）。第二，心理社会干预研究。该方法以人际互动的共同参与为干预手段，通过社会融合和提供社会支持来实现自我接纳和行为改变，在事实无人抚养儿童的情绪障碍和人际交往等方面干预效果较为显著，但是在自我意识和消极事件等维度效果尚不明确（Poehlmann et al.，2008）。第三，综合干预研究。综合干预的结构通常并不固定，主要通过纳入心理治疗干预、心理社会干预等多种措施，在家庭和社区范围内开展服务，然而由于缺乏对照组和科学的测量工具等问题而受到质疑（叶丽频、陈旻，2019）。第四，社会工作干预研究。国内关于如何为事实无人抚养儿童提供社会工作干预、干预有无效果等方面的研究较少，主要是介绍某种干预方法在某类人群中应用的可能性（周晓春，2016）。国外针对事实无人抚养儿童的干预项目主要分为两类，包括国家层面的干预项目与以儿童和家庭为中心的干预项目。国家层面的干预项目主要包括正式的亲属照顾项目（Formal Kinship Care）、补贴监护权（Subsidized Guardianship）、收养与监护保护计划（A&GP）等（Kiraly & Humphreys，2013）。国家层面的干预项目使事实无人抚养儿童的正向激励效果显著，情绪控制能力和自我管理能力得以增强，破坏性行为、逃避性行为等问题有所缓解（Semple & McCaughan，2013）。以儿童和家庭为中心的干预项目通过个案治疗和家庭治疗为事实无人抚养儿童提供监护、培训、支持等保护和服务（Casey et al.，2015），干预评估显示事实无人抚养儿童的情绪障碍、行为偏差和生活质量得到改善，并有效减轻父母失踪、重病、重残等原因给事实无人抚养儿童成长带来的敏感多疑、孤独感、消极自我评价等负面影响（Lightfoot & Dezelar，2016）。

综上所述，已有研究成果为事实无人抚养儿童多维脆弱性与社会工作干预研究设计奠定了较好的基础，但还需对诸多重要问题做进一步探讨。第一，事实无人抚养儿童研究重物质保障、轻服务保障，重制度建构、轻行动导向。既有研究主要从制度建构角度强调物质化的社会资助和救助，事实无人抚养儿童的服务需要和精神保障等实证研究相对不足。第二，事实无人抚养儿童脆弱性评估研究较少。以往文献着重于心理、行为以及权益保护等方面的研究，而定量评估模型与指标体系构建是脆弱性评估和干预的重要内容，学界较少涉及事实无人抚养儿童脆弱性微观尺度上的定义、测量、评估及干预。第三，事实无人抚养儿童的社会工作干预研究缺乏。国外对事实无人抚养儿童的社会工作研究比较深入，国内相关研究主要集中在理论层面，缺乏社会工作干预事实无人抚养儿童多维脆弱性的研究设计和基于实证项目的行动定向干预。

三 理论框架和项目设计

（一）理论依据

脆弱性（vulnerability），也被译为易受损害性，最早旨在揭示系统内各要素之间的耦合变化和演进逻辑（White，1974），其概念界定在不同研究领域针对不同的研究对象也存在差异。世界银行将其定义为个人和家庭面临风险并由风险导致经济损失或者生活质量下降的可能性（唐丽霞、李小云、左停，2010）。联合国将脆弱性解释为“人类可持续性发展过程中受到风险侵害的可能性”。有学者则提出脆弱性是个体在社会化过程中因风险侵害所导致的防御能力不足和安全感低下（Chambers，1991）。尽管已有研究对脆弱性的概念界定并未达成一致，但对脆弱性的内涵阐述均表现出一种共有的逻辑：暴露于特定风险扰动下的个人或群体由于自身敏感性特征和缺乏对不利因素的有效应对能力而使脆弱性的表现不同（黄晓军等，2014）。随着脆弱性内涵界定和分析架构的逐渐明晰，脆弱性分析作为一种评估工具在气候变化、生态评估、风险管理等自然社会领域，以及生计改善、可持续发展、儿童权益保护等人文社会科学领域得到广泛应用（谈子敏、田甜，2020）。人文社会科学领域的脆弱性研究主要聚焦于人与社会，强调脆弱性的形成机制以及如何减弱脆弱性在人与社会中的作用与功能，其核心要素认为人与社会在脆弱性评估中具有适应能力和回应机制（徐洁等，2019），而环境、人口、家庭等不同脆弱性载体的扰动因素也不尽相同。因此，在考察不同主体脆弱性时，相应维度的指标测度和评估方法需要根据研究对象的类型和特点进行具体设计与制定，特别是以指标为基础的脆弱性评估方法受到学界的广泛认可，它能够有效识别弱势群体并指导行动干预和分配政策。但粗放式指标的设计和测量可能掩盖微观尺度的具体感知变化，而综合指数评估模型则能够有效反映单元脆弱性程度的大小，在微观尺度识别和评估脆弱性上更为精准（Morzaria-Luna et al.，2014）。

当前脆弱性分析已然成为影响个体生活福祉和可持续发展的核心要素，并常被应用于弱势群体研究。事实无人抚养儿童作为具有显著脆弱性的弱势群体，脆弱性分析方法为其研究带来一种多维性和系统性的研究视角。风险－脆弱性理论认为风险因素与脆弱性分析紧密结合，脆弱性主要存在于家庭风险、贫困风险、健康风险等方面（Henninger，1998），对脆弱性进行测量及分解能够分析研究对象的福利水平及其决定因素（杨文、孙蚌珠、王学龙，2012），确定最脆弱人群并提高其可持续能力，进而有助于服务方案的设计以及提高干预的针对性和有效性。因此，本文依据世界粮食计划署提出的贫困人口脆弱性分析框架，即“风险因素－抵御风险能力－社会服务体系”三个维度对事实无人抚养儿童多维脆弱性进行识别和干预设计。依据风险－脆弱性理论，事实无人抚养儿童多维脆弱性是指风险导致的不利条件在心理、生理及社会等方面产生偏差和不适应，当这些脆弱性特征在特定情境下受到特定风险扰动时便会降低其抵御风险能力，加之社会政策和公共服务所提供的可供选择的可行性策略组合较少，导致其生活质量偏低。

（二）事实无人抚养儿童多维脆弱性的影响因素

父母重残重病、强制隔离戒毒、失联等客观条件限制让事实无人抚养儿童经历了家庭生活模式、亲子关系及角色认同的重大变动，促使个体产生担忧、焦虑及抑郁等负面情绪，甚至会形成复杂性情感创伤（Greeson et al.，2011），继而对该群体的身心健康发展产生破坏。事实无人抚养儿童处于人生发展的起步阶段，其既有知识技能及社会支持网络所拥有的资本、资源和能力无法有效因应家庭环境恶化所带来的多重风险，从而导致事实无人抚养儿童脆弱性更加显著。而身心健康受损和风险应对方式缺失的双重困境会进一步降低事实无人抚养儿童的自我效能感。因此，社会工作对事实无人抚养儿童多维脆弱性的项目设计与干预既要加强对他们的情感抚慰，也要提升其风险应对能力和自我效能感，从而进行社会赋权和包容性社会生态建设。结合本研究，根据干预目的和方式，确定干预的中介变量、协变量与近远端成效，绘制社会工作干预事实无人抚养儿童多维脆弱性的可塑性中介模型图，如图1所示。

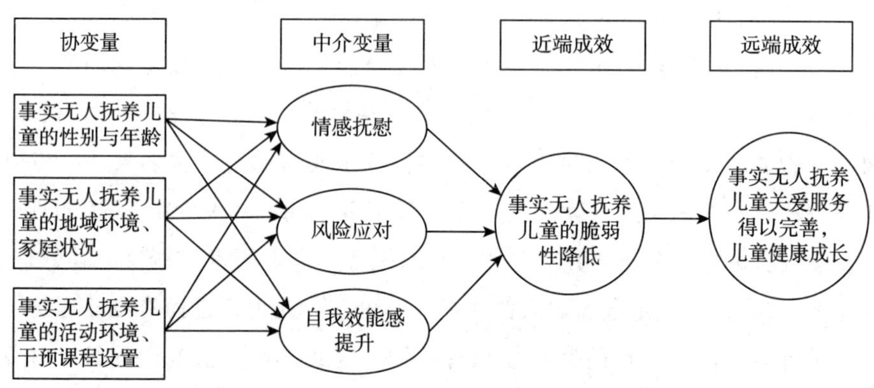

图1 社会工作干预事实无人抚养儿童多维脆弱性的可塑性中介模型

为了使干预设计更为有效，中介机制必须包含可塑性因素，以便通过聚焦于中介变量的具体活动主导项目的规划和实施。基于此，本文将事实无人抚养儿童的性别、年龄、地域环境等不可控的人口学特征因素作为协变量，以情感抚慰、风险应对、自我效能感提升作为可塑性中介变量，设计降低事实无人抚养儿童脆弱性的干预项目。社会工作干预服务设计主要采用三级干预模型，第一级干预目标在于对事实无人抚养儿童的心理进行精神抚慰；第二级干预目标在于帮助事实无人抚养儿童识别他们所面临的风险，并提供可供选择的应对方案；第三级干预目标聚焦于社会工作介入的治疗性，帮助事实无人抚养儿童处理所面临的贫困、健康等问题，降低他们在心理、社会及物质等方面的脆弱性。

（三）项目理论

项目理论是指为了获得期望的社会效益必须完成哪些任务，进而阐释干预是如何改变调节过程的（Rossi et al.，1999），该理论模型解释了干预为何以及如何产生效用，包括从问题理论发展到事实无人抚养儿童完整改变过程的核心要素，它强调项目设计与干预的精准化和精细化，并提供具体服务的项目要素、干预实施策略和规范、参与者对干预的反馈以及干预产生的近远端成效的影响（见图 2）。

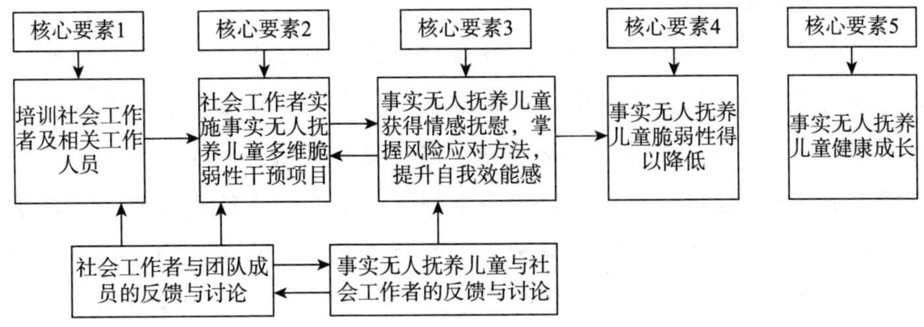

图 2　社会工作干预事实无人抚养儿童多维脆弱性项目理论的核心要素

项目理论的核心要素描述了一系列旨在产生积极干预结果的活动的因果关系链（弗雷泽等，2018）。核心要素 1 是培训社会工作者及相关工作人员。由于对事实无人抚养儿童多维脆弱性干预涉及多个方面，社会工作者及相关工作人员需要通过培训，知晓干预的内容、方法和目的，以及测量工具如何规范使用。核心要素 2 和 3 是干预项目的具体实施。根据社会工作干预事实无人抚养儿童多维脆弱性的可塑性中介模型，社会工作者为事实无人抚养儿童开展情感抚慰、风险应对及自我效能感提升的小组活动，并链接资源为其提供职业体验和成长训练等服务，通过积极正向的自我认识和成功体验提升事实无人抚养儿童的自我效能感。在干预过程中社会工作者与事实无人抚养儿童之间是动态互动的，这种互动被假设为可以产生干预的介入和技能的获得，干预效果不仅来源于项目活动，而且也从这种动态交流中产生（郑悦、黄晨熹，2020）。核心要素 4 和 5 是在干预作用下所达到的预想效果，最终目标是降低事实无人抚养儿童的脆弱性，优化关爱服务体系以助其健康成长。

（四）干预方案设计

干预方案设计旨在通过列明项目实施的具体细节来指导干预，其特点是生成过程和评估过程的交互作用，依据解释性和创造性的过程融入把项目理论和问题理论转化为项目目标和具体服务内容的过程，这些过程的干预设计通常具有独创性，主要包括干预手册、实践活动、用于筛选和招募的材料以及培训协议等（弗雷泽等，2018）。

1. 项目目标

以风险-脆弱性为干预理念，在行动研究的基础上剖析事实无人抚养儿童在风险因素、抵御风险能力和社会服务体系三个维度上表现出的脆弱性，建构本土化脆弱性测量指标体系，制订更具针对性的干预方案，通过情绪识别、资产建设、社会支持等主题服务对事实无人抚养儿童进行情感抚慰和抵御风险能力建设，提升他们的自信心和独立自主能力，促进社会工作干预事实无人抚养儿童多维脆弱性实务模式的本土化和科学化发展。

2. 干预研究设计

（1）干预对象的选择与分组

我国《民法典》规定8周岁以上未成年人为限制民事行为能力人，可以从事与其年龄、智力相适应的民事法律行为，同时根据国务院发布的《关于加强困境儿童保障工作的意见》将法定抚养人无抚养能力的儿童年龄上限划定为16周岁。因此，本研究选择8~16周岁的事实无人抚养儿童作为干预对象，为对存在潜在影响的协变量进行有效控制，本研究运用准实验设计为该群体提供干预服务。依照研究对象的年龄、性别、地域环境、家庭状况以及脆弱性指数五个变量，分析确定项目需要的样本量。在研究对象招募和分组期间，本着自愿参与、对研究知情同意的原则，在对上述五个变量控制的前提下将干预组与对照组都均分为两组，以保证成员的高度相似性。社会工作干预期间，干预组接受风险-脆弱性视域下的社会工作干预，对照组从不参加干预的儿童中进行抽取，不接受项目介入，只作为参照群体来评估项目的服务效果。

（2）问卷设计和数据收集

社会工作干预事实无人抚养儿童多维脆弱性项目实施前，需要了解该类儿童的脆弱性综合指数。为此，研究团队需要开发和设计一套包含个人与家庭基本情况、日常生活面临的风险因素、抵御风险能力、社会服务体系四个方面内容的脆弱性评估问卷。本文依照世界粮食计划署关于人口脆弱性的“风险因素—抵御风险能力—社会服务体系”概念框架分解和测度事实无人抚养儿童的脆弱性，借鉴Cinner等（2012）和Morzaria-Luna等

(2014) 的脆弱性评估指标，根据中国的文化背景进行调整和修订，主要将风险因素、抵御风险能力和社会服务体系三个维度视为目标层，基于 AHP (Analytic Hierarchy Process) 方法构建事实无人抚养儿童脆弱性评估指标体系。风险因素设置一级指标：社会风险、家庭风险、贫困化风险以及健康风险；抵御风险能力设置一级指标：自然资本、物质资本、金融资本、文化资本、人力资本、社会资本；社会服务体系设置一级指标：制度可及性、资源提供、社会服务提供。为保证该量表的信度与效度，量表编制完成后首先邀请 3 位心理学专家、4 位社会工作者、2 位社会学专家以及 3 位社区一线工作者参照各维度定义，对量表内容进行审核和评定，在确保语言简练易懂的同时检验各问题语义表达是否确属其所述范畴。之后采用探索性因子分析方法，将量表的内部一致性系数、分半信度以及重测信度作为信度指标，分析该量表的总体稳定性，删除不适合事实无人抚养儿童脆弱性评估的选项，最终形成适合其脆弱性评估的本土化量表并进行测量和分析。一般完成该问卷需要 15 分钟左右。

此外，为充分体现干预通过可塑性中介变量对事实无人抚养儿童的影响，数据收集还采用《社会支持评定量表》(肖水源，1994)、《一般自我效能感量表》(王才康、胡中锋、刘勇，2001)、《儿童社会生活适应量表》(王永丽、林崇德、俞国良，2005) 作为主要的评估和测量工具。

(3) 干预内容

具体干预内容的操作化是项目设计的重要组成部分，需要清楚记录每个单元的主题、目标以及其他被细化的部分，内容的明确化和清晰化便于项目组通过统一督导和培训促使不同教育背景的实践者在提供服务上保持高度一致性，同时也有助于循证研究的可复制性，节约人力、物力及财力成本。本研究结合事实无人抚养儿童的群体性特征，综合考量个体、环境等多方面因素，将干预设计内容主要分为四类，其中，情感抚慰方面包括情绪识别、情绪表达、心理疏导等主题；风险应对方面分为两个模块，模块一包含职业体验、困境处理、金融可及性建设等主题，模块二包含亲子沟通、亲友支持、需求表达等主题；自我效能感提升方面分为发掘优势与长处、培养自信心、加强抵御风险能力建设、提升独立自主能力等主题。事实无人抚养儿童多维脆弱性的社会工作干预活动大纲如表 1 所示。

表 1 事实无人抚养儿童多维脆弱性干预活动大纲

主题	章节	目标
小组成立	小组诞生	建立关系，制定小组契约
情感抚慰	我的小情绪	帮助儿童认识和了解自己的情绪
	我们都一样	引导儿童正常表达情绪
	我的烦恼箱	处理与儿童父母有关的复杂情绪
	我会管理情绪	引导儿童发展正向思维
	我是可以的	学习应对负面情绪的方式和手段
风险应对之一增强抵御风险能力	预见我的职业	通过职业体验增强儿童的职业期待
	实干者与梦想家	鼓励儿童正确走出困境并憧憬未来
	我有小金库	设置金融服务项目并积累金融资产
风险应对之二加强社会服务和支持体系建设	我和我的监护人	促进亲子沟通，改善家庭关系
	我的亲友团	通过情境表演引导儿童向亲友求助
	我有一个大朋友	通过情景对话强化儿童需求表达
	未发现的资源库	借助绘本和手工艺活动发掘社区资源
自我效能感提升	我有闪光点	发掘儿童优势与长处
	健康快乐我在行	培养儿童自信心
	迎风飞翔	加强儿童抵御风险能力建设
	我是生活小能手	提升儿童独立自主能力
小组回顾与总结	整理回顾	巩固所学知识和技能

3. 干预的时间、地点及形式

实验场地选择在 H 省 L 市儿童之家，目前 L 市在社区已经建设 247 个儿童之家，尤其是集“养治教康 + 社会工作”于一体的区域性儿童福利机构能够为服务提供固定活动场所，项目依托 L 市民政局整合社区和社会资源，通过社会工作者开展干预服务。

干预服务由社会工作者、社会工作专业教师以及社会工作硕士担任小组领导者，负责讲授、活动开展、协调、记录和评估等各项工作，每次干预时长为 100 分钟，持续时间为 1 年，干预过程中共计划收集数据 4 次。每位小组工作者配有 2 名助手，由社区专职人员和社会工作专业高年级本科生担任，协助项目开展。此外，为对干预的保真度进行有效控制，所有项目成员均统一使用干预手册，接受研究项目组聘请专家的专业培训和督导

（彭瑾、李娜，2020）。

（五）干预效果的测量与评估

1. 测量方法

为更全面评估干预的实施效果，本研究将采用“三角互证法”对社会工作干预事实无人抚养儿童多维脆弱性进行多重方法测量、收集和分析资料（Tashakkori & Teddlie，2003），通过将两种不同性质的研究方法结合在一起使用并相互验证以期考察干预目标是否达成，从而实现对事实无人抚养儿童整体状况的全方位和多维度了解。

在定量研究方面，主要用《事实无人抚养儿童脆弱性评估调查问卷》《社会支持评定量表》《一般自我效能感量表》《儿童社会生活适应量表》等作为事实无人抚养儿童在情感抚慰、风险应对及自我效能感提升等维度整体干预效果的评估工具，分别收集社会工作干预前测、中测、后测及追测数据，通过对数据结果分析验证干预成效。

在质性研究方面，干预前期为了解事实无人抚养儿童的生存和发展现状，提炼集体叙事的一般性描述，通过访谈法完成30个事实无人抚养儿童家庭探访，并选取60个事实无人抚养儿童及其监护人、主管单位负责人等进行深度访谈，穿插多次焦点小组法，对该群体脆弱性进行有效甄别和归纳。干预中期和后期选取干预组具有典型脆弱性特征的事实无人抚养儿童进行参与式观察，记录他们的行为特征及改变，并通过对其监护人访谈了解他们的表现和变化，依据访谈和观察的定性分析评估干预效果，并验证定量方法的分析结果。

2. 数据分析

本研究采用准实验设计的方法，由于干预组和对照组是在控制年龄、性别、地域环境等变量下进行选择，缺乏随机化分组过程，无法对干预组和对照组生成中的“选择性偏差”进行有效控制，因此，本研究运用 Neyman-Rubin 的反事实框架作为数据分析的概念指导模型（见公式1）。Neyman-Rubin 的反事实框架强调选入干预组或对照组的个体都存在被观测到的和未被观测到的两种状态，而反事实估计可以通过考察总体中被干预成员的平均结果和未被干预成员的平均结果之间的差值来评估干预效应（郭申阳、弗雷泽，2012），这也为研究者估算反事实提供了一条切实可行的路径。

$$\hat{\tau} = E(\hat{y}_1 \mid w = 1) - E(\hat{y}_0 \mid w = 0) \tag{1}$$

根据反事实框架概念模型，$\hat{y}_1$ 和 $\hat{y}_0$ 分别表示两组在项目干预结束后的结果，w（1 = 是，0 = 否）作为虚拟变量表示“是否为干预组”，$\hat{\tau}$ 代表将平均干预效应的标准估计量定义为来自样本数据的两个估计均值之间的差值。

在此基础上，本项目选择倾向值模型对数据进行分析，倾向值模型能够有效控制样本中干预组和对照组之间的差异，依据项目前期设计给定的年龄、性别、地域环境、家庭状况及脆弱性指数五个变量，运用 Logistic 回归测算干预组和对照组的倾向值，估计倾向值以 P 表示。具体采用两种方法。①倾向值加权法，依据倾向值发展出的抽样权重估计平均干预效应（ATE）和干预组平均干预效应（ATT），其中估计 ATE 时，干预组成员的权重是 $1/P$，对照组成员的权重是［$1/(1-P)$］；当估计 ATT 时，干预组成员的权重是 1，而对照组成员的权重则是［$P/(1-P)$］，权重生成后通过应用多元回归进行分析和建模（郭申阳、弗雷泽，2012）。②倾向值最佳匹配，以倾向值的总样本距离最小（Δ）得到规模为（α，β）的匹配集合（$A_1 \cdots A_i$，$B_1 \cdots B_i$）的过程，即

$$\Delta = \sum_{s=1}^{s} \omega(|A_s|, |B_s|)\delta(A_s, B_s) \tag{2}$$

其中，$\omega(|A_s|, |B_s|)$ 是一个权重函数，在本项目中可以使用特定结构的可变匹配，具体而言，是每个干预组成员至少和 $0.5(1-\hat{p})/\hat{p}$ 个、至多和 $2(1-\hat{p})/\hat{p}$ 个对照组成员相匹配，此处 $\hat{p}$ 代表样本中干预组成员的比例。最后使用 Hodges-Lehmann 有序秩得分的回归调整和匹配分析验证干预效果在统计水平上是否具有显著性（吴帆、郭申阳、弗雷泽，2016）。

四　事实无人抚养儿童多维脆弱性干预的挑战与应对策略

（一）干预保真度的测量与控制

保真度将干预项目和实施质量紧密联系在一起，它既可以监测项目的

具体执行，向实践者提供实时反馈，又可以为干预效果提供质量保证（Elliott & Mihalic，2004）。因此，在项目的研究设计和具体干预过程中必须包含对保真度测量和控制的计划。事实无人抚养儿童多维脆弱性的干预效果主要受到内容的完成度和实施的遵循度两个维度的影响。为对干预结构和过程的保真度进行测量，项目运营需要做到以下三点：首先，督导要实时观察活动开展的具体情况，通过使用观察评定量表，将社会工作者在干预过程中对规则的理解和应用程度、运用行为反馈和间接指导技能的熟练度、与事实无人抚养儿童技巧性交流的把握度等方面予以记录；其次，社会工作者需在每次活动结束后提供包含课程具体活动、花费时间总量、反思与总结等内容的自我报告；最后，结合社会工作者关于干预项目完成后的访谈资料分析进行相互佐证，以达到对保真度的动态测量。此外，本项目还将制订精细化服务方案、对干预手册进行具体说明和详细阐释、提升社会工作者和辅导人员的培训频率和频次以及完善督导机制等途径贯穿于整个项目流程的实施与监管，以保障干预研究的科学性。

（二）干预者与研究者的双重身份局限

干预研究根植于实践，为确保精准识别事实无人抚养儿童多维脆弱性并设计出与其背景紧密相关的干预内容，干预者和研究者的合作是必要且必需的。在这一合作机制中，干预者对具体环境和个体背景有即时的了解，同时也积累了丰富的实践经验，知晓部分干预内容对服务对象是否有效，进而推动项目内容修订和服务优化；研究者则通过数据收集与分析并依据干预者的持续性反馈评估干预项目的核心目标是否达成。然而，在对事实无人抚养儿童多维脆弱性干预的设计和执行中，干预者又是主要的研究者，不仅要承担服务内容的设置和搭建，同时还要负责收集数据、监测和评估等工作，双重身份的局限会使个体主观性对研究结果的客观性呈现形成干扰。为应对这一风险因素对干预成效的扰动，项目设计和服务实施需要打破专业界限的桎梏，建立跨专业和多成员的合作团队，集合社会工作者、营养师、银行从业者、心理学专家、社区工作者以及行政部门主管领导等多成员的智慧和努力。通过团队成员的共同参与和协同联动，同时辅以民政系统对项目的经费保障，才能实现事实无人抚养儿童多维脆弱性干预手册的设计与开发。

（三）干预对象出勤率和流失率问题

项目干预过程中服务对象在出勤率和流失率方面的损耗会影响干预结果的信度和效度。尽管本项目计划在前期招募服务对象时，将活动场所定在距离事实无人抚养儿童家庭较近的儿童之家，缩短在物理空间上的往返时间，但受制于现实情况，部分儿童之家仅设置于街道和乡镇一级，距离的拉长客观上增加了事实无人抚养儿童参与项目的难度，影响其活动出勤率。为保证事实无人抚养儿童按时出勤，项目团队需安排专职人员在每次活动开展前一天提醒事实无人抚养儿童准时参与，同时对参与活动存在特殊困难的事实无人抚养儿童，通过招募志愿者对其进行往返接送以保证出勤率在80%以上。此外，由于家庭照料和个体健康等不可控因素，事实无人抚养儿童可能会在中途退出干预服务，导致观测样本数量的减少。对此，在招募服务对象期间，在保证服务质量的前提下，尽可能扩大样本容量，避免因个体数据缺失影响整体样本的估计量，项目组成员也需要与事实无人抚养儿童提前进行接触，及时了解个体化需求，通过动态机制调整帮助事实无人抚养儿童预防后期可能出现突然退出的意外情况。

五 结语

儿童期是人生发展的重要阶段，如果生活在一个不稳定家庭之中，会影响儿童自我意识觉醒和自我价值实现，减少他们人生的可能性，从长远来看，甚至会影响社会稳定与和谐发展。事实无人抚养儿童仍然面临发展的多维脆弱性，家庭风险、健康风险、贫困化风险等多种风险聚焦于个体，金融资本、人力资本、社会资本等累积不足，加之社会服务体系中的制度可及性和服务支持效果不突出，多维脆弱性问题的负向叠加给事实无人抚养儿童带来的负面效应需要得到政府和社会及时的关注。具体而言，在微观层面要聚焦事实无人抚养儿童特殊化、差异化及多元化需求，在中观层面要加强资产建设与能力发展，通过获得制度性资产积累从而扭转累积劣势所带来的结构化力量，在宏观层面要构建具有科学性和系统性的风险防范机制，尤其是在借鉴相关地区和国家先进经验的基础上进行在地化改造和精细化修订，以“社会工作+跨专业团队”合作模式打通社会服务传递末梢，为事实无人抚养儿童建立分层分类、梯次支持、纵向覆盖的脆弱性应对和综合保护体系，增强社会工作在积极干预和综合支持等方面的服务效果。此外，对事实无人抚养儿童多维脆弱性干预的项目理论不同，需求和问题测量也会有不同的解读，从而产生不同的项目设计及干预路径。为此，对事实无人抚养儿童多维脆弱性干预还可引入其他理论进行项目设计，不断丰富和发展我国本土化社会工作理论和实践。

参考文献

贝克、邓正来、沈国麟，2010，《风险社会与中国——与德国社会学家乌尔里希·贝克的对话》，《社会学研究》第5期。

高敏，2013，《社会变迁中的儿童监护缺失与救济——以南京饿死女童事件为例》，《青少年犯罪问题》第5期。

郭申阳、马克·W. 弗雷泽，2012，《倾向值分析：统计方法与应用》，郭志刚、巫锡炜等译，重庆：重庆大学出版社。

黄晓军、黄馨、崔彩兰、杨新军，2014，《社会脆弱性概念、分析框架与评价方法》，《地理科学进展》第11期。

黄晓燕、许文青，2013，《事实孤儿社会支持研究：基于三类主体的分析——四川省凉山州的实地调查》，《南开学报》（哲学社会科学版）第1期。

冀未来，2009，《打开服刑人员未成年子女心灵的钥匙——心理援助》，《社会福利》第7期。

雷杰、邓云，2016，《“社区为本”的儿童保护服务本土化模式创新——以佛山市里水镇“事实孤儿”保护项目为例》，《青年探索》第3期。

林艳琴，2018，《国家治理视域下未成年人家庭监护缺失的预防与干预》，《国家行政学院学报》第4期。

刘继同，2016，《中国部分省、市事实无人抚养儿童分类保障制度研究》（上），《社会福利》（理论版）第9期。

马克·W. 弗雷泽、杰克·M. 里奇曼、梅达·J. 加林斯基、史蒂文·H. 戴，2018，《干预研究：如何开发社会项目》，安秋玲译，上海：上海教育出版社。

毛平、杨雪峰、谭茗惠、姜珊、谢文照、郭佳，2020，《事实孤儿心理健康的研究进展》，《医学与哲学》第2期。

孟超，2013，《河南省事实无人抚养儿童面临的困难及政策建议》，《中国民政》第7期。

倪春霞，2021，《民政部儿童福利司负责同志就〈关于进一步做好事实无人抚养儿童保障有关工作的通知〉有关问题答记者问》，http://xxgk.mca.gov.cn：8011/gdnps/pc/content.jsp？id=15066&mtype=1。

彭瑾、李娜，2020，《干预研究中保真度的意义、测量及其控制：以“让我们做朋友-陕西”为例》，《社会建设》第6期。

尚晓援、窦振芳，2014，《一切为了儿童：福利院对事实收养孤儿的支持》，《山东社会科学》第8期。

谈子敏、田甜，2020，《灾害脆弱性视角下的突发公共事件中儿童权益保护》，《华东理工大学学报》（社会科学版）第3期。

唐丽霞、李小云、左停，2010，《社会排斥、脆弱性和可持续生计：贫困的三种分析框架及比较》，《贵州社会科学》第12期。

王才康、胡中锋、刘勇，2001，《一般自我效能感量表的信度和效度研究》，《应用心理学》第1期。

王健、肖长卿，2017，《事实孤儿社会保护可行性研究和对策建议》，《社会政策研究》第5期。

王永丽、林崇德、俞国良，2005，《儿童社会生活适应量表的编制与应用》，《心理发展与教育》第1期。

吴帆、郭申阳、马克·弗雷泽，2016，《社会工作服务介入儿童行为发展效果评估的实证研究》，《社会建设》第6期。

向德平、周晶，2015，《失独家庭的多重困境及消减路径研究——基于“风险—脆弱性”的分析框架》，《吉林大学社会科学学报》第6期。

肖水源，1994，《〈社会支持评定量表〉的理论基础与研究应用》，《临床精神医学杂志》第2期。

徐洁、李树茁、吴正、刘伟，2019，《农村老年人家庭养老脆弱性评估——基于安徽农村地区的实证研究》，《人口研究》第1期。

杨文、孙蚌珠、王学龙，2012，《中国农村家庭脆弱性的测量与分解》，《经济研究》第4期。

叶丽频、陈旻，2019，《心理干预研究的伦理问题与应对》，《医学与哲学》第10期。

张娟，2019，《让“事实孤儿”不再被遗忘》，《中国民政》第13期。

张露，2018，《事实孤儿权益保障的现实困境与路径选择》，《人民论坛·学术前沿》第15期。

张妤婕，2016，《论我国困境儿童临时救助制度的完善——以毕节儿童自杀事件为例》，《中国青年社会科学》第3期。

郑悦、黄晨熹，2020，《失能失智老人家庭照顾者生活质量干预项目的开发——基于压力应对理论》，《社会建设》第2期。

周春燕、候金波，2021，《事实无人抚养儿童保障中的困境与对策——基于湖北省的实地调研》，《学习与实践》第12期。

周晓春，2016，《〈干预研究——社会项目开发〉评介》，《社会建设》第6期。

Bergman, A. – S. , Ulf Axberg, & Elizabeth Hanson. 2017. "When a Parent Dies—A Systematic Review of the Effects of Support Programs for Parentally Bereaved Children and Their Caregivers." *BMC Palliative Care* 16 (1): 39.

Bryan, B. 2017. "Paternal Incarceration and Adolescent Social Network Disadvantage." *Demography* 54 (4): 1477 – 1501.

Casey, E. C. , Shlafer, R. J. , & Masten, A. S. 2015. "Parental Incarceration as a Risk Factor for Children in Homeless Families." *Family Relations* 64 (4): 490 – 504.

Chambers, R. 1991. "In Search of Professionalism, Bureaucracy and Sustainable Livelihoods for the 21st Century." *IDS Bulletin* 22 (4): 5 – 11.

Cinner, J. E. , T. R. McClanhan, N. A. J. Granham et al. 2012. "Vulnerability of Coastal Communities to Key Impacts of Climate Change on Coral Reef Fisheries." *Global Environmental Change Part A: Human & Policy Dimensions* 22 (1): 12 – 20.

Elliott, D. S. & Mihalic, S. 2004. "Issues in Disseminating and Replicating Effective Prevention Programs." *Prevention Science: The Official Journal of the Society for Prevention Research* 5 (1): 47 – 53.

Greeson, J. K. P. , Briggs Ernestine C. , Kisiel Cassandral L. et al. 2011. "Complex Trauma and Mental Health in Children and Adolescents Placed in Foster Care: Findings from the National Child Traumatic Stress Network." *Child Welfare* 90 (6): 91 – 108.

Henninger, N. 1998. *Mapping and Geographic Analysis of Human Welfare and Poverty-Review and Assessment.* World Resources Institute: Washington, DC, USA.

Hermens, N. , Super, S. , Verkooijen, K. T. , & Koelen, M. A. 2017. "A Systematic Review of Life Skill Development Through Sports Programs Serving Socially Vulnerable Youth." *Research Quarterly for Exercise & Sport* 88 (4): 408 – 424.

Kiraly, M. & Humphreys, C. 2013. "Family Contact for Children in Kinship Care: A Literature Review." *Australian Social Work* 66 (3): 358 - 374.

Lightfoot, E. & Dezelar, S. 2016. "The Experiences and Outcomes of Children in Foster Care Who Were Removed Because of a Parental Disability." *Children & Youth Services Review* 62 (3): 22 - 28.

Morzaria-Luna, H. N., Turk-Boyer, P., & Moreno-Baez, M. 2014. "Social Indicators of Vulnerability for Fishing Communities in the Northern Gulf of California, Mexico: Implications for Climate Change." *Marine Policy* 45 (3): 182 - 193.

Murray, J., Farrington, D. P., & Sekol, I. 2012. "Children's Antisocial Behavior, Mental Health, Drug Use, and Educational Performance After Parental Incarceration: A Systematic Review and Meta-Analysis." *Psychological Bulletin* 138 (2): 175 - 210.

Poehlmann, J., Park, J., Bouffiou, L. et al. 2008. "Representations of Family Relationships in Children Living with Custodial Grandparents." *Attachment & Human Development* 10 (2): 165 - 188.

Rossi, P. H., Freeman, H. E., & Lipley, M. W. 1999. *Evaluation: A Systematic Approach.* Thousand Oaks, CA: Sage.

Semple, C. J. & McCaughan, E. 2013. "Family Life When a Parent Is Diagnosed with Cancer: Impact of a Psychosocial Intervention for Young Children." *European Journal of Cancer Care* 22 (2): 219 - 231.

Tashakkori, A. & Teddlie. C. 2003. *Handbook of Mixed Methods in Social and Behavioral Research.* Thousand Oaks, CA: Sage.

Thastum, M., Johansen, M. B., Gubba, L., Olesen, L. B., & Romer, G. 2008. "Coping, Social Relations, and Communication: A Qualitative Exploratory Study of Children of Parents with Cancer." *Clinical Child Psychology and Psychiatry* 13 (1): 123 - 138.

White, G. F. 1974. *Natural Hazards: Local, National, Global.* Oxford: Oxford University Press.

“音为梦想”：困境家庭儿童希望感提升的小组工作干预研究*

华红琴　顾佳佳**

摘　要　困境家庭儿童较低的自我抱负和成就动机限制其勤奋努力与潜能发挥，希望感作为积极的心理特质是抗逆力重要的个体内在保护因子，希望感提升能有效促进与增强困境儿童目标设置与成就动机。本文基于 Snyder 的希望理论框架，从“目标”“路径思维”“动力思维”三个维度，运用“希望注入”“目标确立”“路径发展”“动力增强”“挫折处理”策略，设计了 12 节次“音为梦想”小组干预方案，使小组成员通过具体的音乐活动目标设置与达成，提升希望感，并进一步思考学业目标、规划长远目标。研究表明，通过小组工作干预，促使儿童设置合理目标，提升问题解决能力，有助于提升困境家庭儿童的希望感，更多地挖掘与激发儿童自身内部的保护性因素，促进其正面成长。

关键词　困境儿童　希望感　干预研究　小组工作

* 本文系国家哲学社会科学基金 2017 年一般项目“城市高风险家庭儿童保护性因素与社会工作介入策略研究”（17BSH114）的阶段性成果。

** 华红琴，上海大学社会学院副教授，研究方向为儿童社会工作；顾佳佳，浙江机电职业技术学院辅导员，研究方向为学校社会工作。

一 问题提出

困境家庭儿童常表现出学业不良、学习动力不足、完成学习任务与问题解决能力欠佳等问题，低成就动机、缺乏目标导致其潜能发挥与学业提升不足（李娟等，2022；卢春丽，2017）。困境家庭具有更多的压力与风险，往往削弱父母（养育者）提供良好养育方式的能力（Evans，2004），最终使儿童开启终生成绩不佳和就业不足的人生轨道（Anne et al.，2002；Ryan et al.，2006）。

希望是人类24种积极心理品质之一，是个体面对风险性因素和压力事件的内在保护因子。希望能激发个体憧憬未来、努力奋斗，即使面临困境，也能适当调整自己的行为，以积极灵活的方式应对困境。希望还具有动力性，施奈德等认为希望感是“一种积极的动机性状态，是基于内在成功感的动力状态，包括达到个人目标的意愿动力和为了达到预期中的目标而规划的路径两方面”（Snyder et al.，1991）。研究表明，希望感在学生成就动机和学习倦怠之间起中介作用（杨丹等，2016），希望感较高的学生学习动机与自我控制力强、学习倦怠低（徐强，2010）；高希望感个体更倾向于使用积极策略，较少采用不切实际的想法和自我退缩的行为，可以减少在成年期可能出现的消极行为。希望感也是儿童青少年心理健康的指标之一，对个体身心健康、成长发展以及幸福感都有着明显的影响（胡金凤等，2011）；高希望感的个体较少遭遇抑郁和焦虑，拥有更多积极思维，并且有更高的自尊和自信水平，因此他们在面对问题、解决问题的情境中能力也更强（索雪原，2010）。

希望感的生成有一定规律，随儿童成长不断发展，深受家庭教养方式、父母角色行为影响，一些长期受到人际忽视、遭遇虐待的儿童，或者在父母关系状况不良或破裂家庭中成长的儿童，希望感较难得到良好发展（Carr，2013：109）。困境家庭由于在家庭结构与功能、家庭关系等方面存在问题，比一般的家庭面临更多的风险且资源较为匮乏，因此困境家庭儿童的希望感获得相对不易。而运用希望理论提升儿童希望感，能有效促进其学校适应，提高学业成绩，缓解考试焦虑，减少情绪问题，提高生活满意度（何敏贤等，2014）。

目前希望感的干预研究，主要聚焦于老年群体、抑郁症患者、肿瘤癌症患者等人群，如中国香港开展的"抑郁症患者的正向心理疗法"等，对儿童希望感的干预研究较少，如 Edwards 等人针对四年级学生进行的名为"希望导航项目"的研究，是为数不多的让儿童学习与希望相关的内容，并且教会学生应用学到的希望知识进行自我管理的干预研究（参见李永慧，2017），当前国内对于困境儿童社会工作服务不断加强，但基于希望理论的实践运用鲜见，尤其是针对大龄儿童的干预介入匮乏，本文基于施奈德（Snyder）的希望理论框架，考察困境家庭儿童希望感状况，设计 12 节次社会工作小组方案，以期提升服务对象希望感并为困境儿童社会工作实务提供经验借鉴。

二 理论基础与研究方法

（一）施奈德希望理论

本文采用 Snyder 等（1991）对希望的操作性定义：希望是一种积极的动机性状态，是朝向目标的思想（thinking），以追求成功的路径（指向目标的计划）和动力（指向目标的活力）交互作用为基础，希望的运作是目标、路径思维和动力思维三者交互作用的过程（转引自刘孟超、黄希庭，2013）。

希望兼具认知、情绪与动机特性。希望是个人对生活的目标感、意义感的体验以及对生活中充满无限"可能性"的感知（田莉娟，2008）。当个体处于逆境或困境时希望感能支撑其坚信未来的美好，并对实现目标的途径方法进行认知，对自己的能力做出判断。希望还包含情绪成分，它是一种积极的、起到刺激强化作用的情感，是与个人目标紧密相连的一种积极情绪体验（黄晶，2012）。高希望特质者更多采用适应性的、积极的情绪来应对困难和阻碍，他们会知觉到更多可选择的路径。希望又是一种积极的激励状态，具有动机性。希望与目标及目标达成紧密相连，高希望感推动个体朝某种目标持续活动。满怀希望的人倾向于以一种积极的情绪去追求目标，他们以好奇心和挑战为重点的注意力能激发积极的情绪和动力去达成目标。

Snyder与其同事共同提出了希望理论模型。它主要包含三个部分，即“目标”、“路径思维”与“动力思维”，它们通过互动发挥作用，如图1所示。

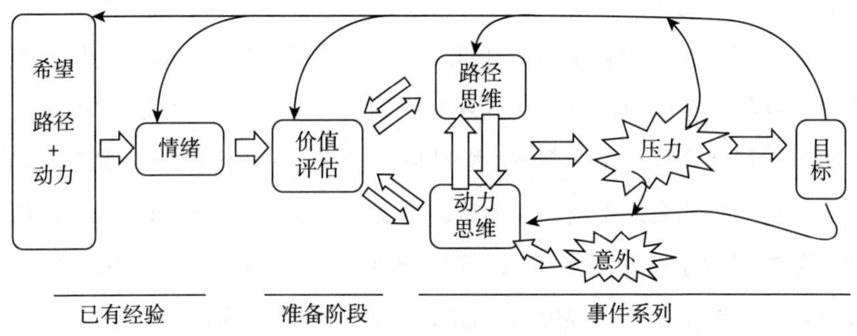

图1 Snyder的希望理论模型

1. 目标

希望是指向目标的独特认知过程，目标是希望理论的核心部分之一。目标必须具有一定的价值才能引起个体去追求。目标要有适当的难度，但也要有实现的可能性。高希望者目标清晰具体，擅长把大目标划分为更容易达成的小的子目标。

2. 路径思维

路径思维是一种心理层面的计划和方法图，通过这种心理能力找到一种或者多种行之有效的方式去达成目标（Snyder，1994）。通向目标的路径越多，目标实现的可能性就会越大。当遇到阻碍时，为了实现目标，必须迅速转换思维找到其他可行的替代操作方法，从而更有利于目标的达成。高希望者不仅坚信达成目标的路径，并且能够预想更多的实现路径。

3. 动力思维

动力思维是开启个体行动、助推个体朝目标前进并持续努力以实现目标过程中强大的信念和动机系统。Snyder等人进一步认为动力思维不只是一种聚焦于目标达成的心理能量，同时也是一种怀有具体目标导向决心的感受。此外，动力思维的来源也至关重要，它通过回想成功经历来增强意志力，或提供一个安全的环境来发展以目标为导向的正向能量，增加达成目标的可能性（参见田莉娟，2008）。

（二）研究方法

1. 研究对象

本研究对象源于上海市S区参与困境儿童服务项目的困境家庭儿童。通过前期入户走访，结合项目方要求与儿童需求，决定组建一支"乐队"，招募条件如下。

第一，自愿参加，每周六上午8：30～11：30，3小时，持续不轻易请假。

第二，不需要基础，但对音乐感兴趣，愿意努力练习弹奏与演唱，小组成员自主选择角色任务，如尤克里里、非洲鼓、配器、合唱等，最终完成一场汇报演出。

第三，五年级至初二的困境家庭儿童，身体健康。

小组成员有12位，中途退出2位，后续又进组2位，考虑到干预成效与学习态度，选定参加9次及以上的6名儿童为本研究对象，其基本情况如表1表示。

表1　小组成员基本情况

序号	化名	性别	年龄	年级	主要家庭成员	家庭困境类型
1	小洁	女	11岁	五年级	祖父、祖母（残障）、父亲	低保、单亲离异
2	婷婷	女	11岁	五年级	父亲（生病）、母亲	低保、大病、重组
3	小慧	女	13岁	六年级	外祖母、父亲	低保、单亲母亡
4	小琪	女	12岁	六年级	祖母、父亲	低保、单亲离异
5	小俊	男	12岁	六年级	祖父、祖母、父亲（精障）	低保、单亲母亡、父精障
6	辰辰	男	13岁	七年级	祖母、父亲	低保、单亲离异

2. 资料收集方法

访谈法和参与观察法是本研究两种主要收集资料的方法。在小组开展前、开展过程中以及结束后，在整个服务过程的不同阶段，均与家长和儿童多次访谈，了解困境家庭儿童的生活行为和心理状态变化，在服务结束后采用半结构式访谈评估小组成效。同时，在整个项目服务过程中，笔者扮演活动主持者、活动参与者、共同学习者的角色，与服务对象进行频繁互动，做到近距离观察。在长达3个月的12节次小组开展过程中，也观察到小组成员的活动表现、音乐练习等情况，尤其是最后的汇报演出准备，为研究提供了丰富的经验资料。

此外，研究还采用Snyder等编制的《儿童希望量表》作为小组干预前后测评估工具。该量表有6个题目，采用六点式的计分方法，总分在6~36分，得分越高，希望感越高。

3. 小组干预框架

本研究干预思路基于希望理论模型，运用“希望注入”“目标确立”“路径发展”“动力增强”“挫折处理”策略，设计了12节次小组干预方案，以“音乐目标”设定为先导，使儿童增进自我认知，并思考达成目标的方法路径，克服困难和完成汇报演出；强化儿童的“动力思维”“路径思维”，继而迁移到儿童的学业目标的设定，提升儿童对未来生活的希望感（见图2）。

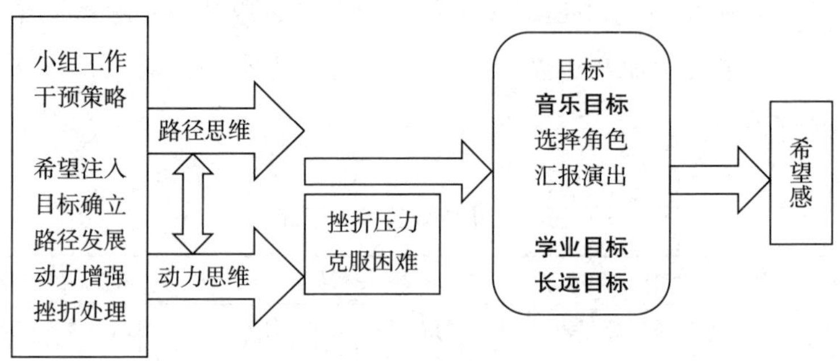

图2 干预框架

依据干预框架，本研究设计了“音为梦想”12节次小组干预方案（见表2）。

表2 “音为梦想”小组干预具体方案

	节次	主题	目标	内容	干预策略
第一阶段	1	初相识 音乐任务 小组契约	认识自我 激发积极情绪	1. 我眼中的我：制作个人名片 2. 他人眼中的我：印象大回溯 3. 介绍乐队任务，制定小组契约	希望注入
	2	自我认知 优势挖掘	提升自我概念 回顾成功体验 增强积极情感	1. 优势接力赛：写出自己的优势 2. 优势故事汇：说说成功事件体验 3. 优势加油站：为彼此点赞 4. 音乐练习	希望注入

续表

	节次	主题	目标	内容	干预策略
第二阶段	3	积极信念 未来展望	引发希望 思考目标 增强信念	1. 希望故事：希望游戏、词语、歌曲、故事大串烧 2. “生命长河”：畅想未来 3. 引发思考人生长远目标 4. 讨论音乐练习与感受	希望注入 目标确立 动力增强
	4	音乐目标 个人目标	细化音乐目标 思考策略计划 引领思考未来 目标与希望	1. 音乐目标：怎么学，如何达成 2. 演出汇报：期待，如何达成 3. 个人目标：集体讨论曾经的目标与想法，现在怎么想	目标确立 路径发展 动力增强
第三阶段	5	问题解决 （1）	学习问题 解决方法 知识技能 增强信心动力	1. 寓言故事：学习问题解决方法 2. 河内塔游戏：自我问题解决训练 3. 障碍过河、圈中取球游戏：分析步骤，优化路径方法	路径发展 动力增强
	6	问题解决 （2）	增强路径策略 巩固音乐目标	1. 场景表演：应对问题的方法 2. 分组讨论：最近发生的生活事件，如何优化路径 3. 音乐目标进展：学习进程、困难、解决方法，讨论协商	路径发展 挫折处理
	7	逆境认知 （认知）	了解逆境 增强积极信念 正向思维	1. 逆境故事：逆境故事与词语练习 2. 小小辩论赛：实际演练，学会积极视角看逆境，正面解读逆境	挫折处理
	8	挫折应对 （行动）	正面应对挫折 提升应对技巧	1. 挫折讨论会：分享个人挫折事件，回忆当时应对方式，小组讨论，还可以怎么做，成功应对分享 2. 音乐学习回顾：困难挫折应对讨论分享	挫折处理 希望注入
第四阶段	9	增强信念 （1）	从认知和行动层面，增强意志力和动力	1. 信念故事：希望故事疗法 2. “驼峰叠积木”“多米诺骨牌”：增强克服困难的信心	动力增强 希望注入
	10	增强信念 （2）	联系实际，探索自我信念，增强意志力	1. 生活事件大探秘：我的信念故事，自我强化信念 2. 信念回忆录：回顾音乐学习与小组活动，写下信念感受，分享讨论	动力增强
	11	小组总结 演前准备	增强小组动力 合作互动 会演工作认领	1. 我的现在与未来：用“红花卡”卡牌形式，描绘自己的目标和期待 2. 我的梦想伙伴：“绘画接力”，组员互动致谢，分享小组收获 3. 讨论节目单，确认任务，彩排	希望注入 动力增强
	12	演出汇报	达成目标 增强自信 提升希望感	1. 演出汇报（90 分钟） 2. 总结颁奖 3. 组员告别	希望注入 动力增强

三 小组过程

“音为梦想”小组配置一名音乐教学社工、一名主领社工、一名协领社工，为期3个月共12节次小组工作，每节次均划分为专业小组工作、音乐教学和小组总结三个部分。从小组目标与内容来看，分为四个阶段。

第一阶段：组建小组、确立音乐角色、发现自我优势、希望注入

“音为梦想”小组的第一阶段为前两节次小组，主要以音乐为导向，组建小组，建立小组规则，小组成员彼此熟悉，增进自我认识、优势挖掘，让小组成员、社工之间形成良好的互动关系；确立在乐队中的音乐角色，形成音乐目标，注入希望；等等。具体活动内容与方式是：制作个人名片、破冰游戏、个人故事叙事、团体讨论分享；同时认领乐队角色任务，初试乐器，学习练习，激发兴趣目标。

小洁、小慧、小琪属于小组中较为活跃的成员，与他人的互动较多，活动较积极；婷婷、小俊和辰辰较为内向，在小组中发言较少，较为被动。在小组进程中，社工积极推进较为内向的小组成员逐渐融入“音为梦想”小组这个集体中，他们显露出主动性。小洁、婷婷、小慧、小琪、小俊都认领了学习弹奏尤克里里的音乐任务，辰辰认为自己学不会，选择合唱。

第二阶段：确立目标、目标的细化与操作化

“音为梦想”小组的第二阶段为第三、第四节次，主要是结合小组成员日常生活及音乐课程，引导小组成员细化目标，学习如何确立并达成目标，对目标进行操作化、量化和细分。针对小组成员，主要进行三个目标的制定：一是个人的音乐目标及汇报演出目标，二是当前学业成绩目标，三是个人在生活中较为长远的目标。小组成员在社工引领下，结合前几节次对音乐的学习和进一步的自我认知，写下这些目标，并初步想象如何实现这些目标，需要付出怎样的努力（见表3）。

表3 小组成员初期目标确立情况

姓名	音乐及演出目标	学业成绩目标	个人长远目标
小洁	学会用尤克里里弹《稻香》，演出能和爸爸、朋友一起上台	期末考试都能拿A	当医生

续表

姓名	音乐及演出目标	学业成绩目标	个人长远目标
婷婷	能够学会尤克里里，演出能唱好《稻香》	期末考试都能拿 A	当老师
小慧	认真投入尤克里里的学习，自己能够在演出准备过程中帮忙	保持之前的水平	当歌手或老师、学沪剧
小琪	学好尤克里里的多种弹法，演出能唱好自己喜欢的歌	期末考试能进年级前 150 名	当老师
小俊	能弹《稻香》，和其他伙伴一起演出	期末考试进年级前三	考上清华大学
辰辰	合唱，能够有勇气上台	保持之前的水平	当老师或厨师

小组成员对音乐学习的目标制定较快，因为目标比较具体，并且有老师的指导和学习要求。小俊有些犯难，他学习成绩较好，但其他能力不够自信。小俊说：“第一次弹尤克里里，有些记不住老师教的东西，手指也会觉得不适应，会疼。我对音乐的兴趣似乎没有别人高，也没有基础，有一点落后的感觉。”但他来学习了还是想要学好，因此在音乐学习上的目标是希望最后能够弹出汇报演出的合奏曲目《稻香》。在个人目标的制定上对于期末考试这类有明确方向的目标较易确定，但在长远目标上则显示出一定的差异与“理想化”。婷婷、小洁较快写下了自己的职业目标，她俩成绩并不优秀，对于如何成为“老师”“医生”缺乏概念。辰辰一直无法确定自己的目标，他在经过几节次小组活动的思考之后表示：“我可能长大后想要当老师或者厨师。想当老师是因为我希望能够把自己学到的知识传递给别人，这样很有意义；想当厨师是因为自己比较喜欢吃东西，而且如果自己没有办法考上大学，就可以读技校当厨师。”辰辰认为分享知识是很有价值的，但自己并未有充足的自信支撑自己，因此觉得当厨师也是一种不错的职业途径。

小组成员都完成了目标的制定，但每个人完成的程度有所差异。虽然小组成员关于未来的目标仍旧不够具体、比较模糊，并没有思考过如何达成目标，但是他们迈出了第一步。而在学业成绩方面、音乐学习方面给自己制定的目标则较为详细可达成，这同时也给了自己一定的暗示，督促自己朝目标前进。

第三阶段：问题解决、路径发展、挫折处理

“音为梦想”小组的第三阶段为第五至第八节次，将音乐教学与社工小组活动并重展开，体现其紧密联系性。在音乐学习方面，主要让小组成员继续学习、巩固，朝着自己既定的目标努力。在专业小组方面，确立希望理论中核心部分目标之后，开始运用路径策略，提升小组成员的路径思维。开阔的路径思维离不开拥有多种解决方法以及细化目标的能力。在认知层面，通过希望故事促进其积极思考应对，并用河内塔游戏、障碍过河游戏以及圈中取球游戏锻炼小组成员在实现目标过程中进行步骤分解，寻找多种途径以达到目标。在生活行为方面，主要是联系自身的生活和音乐学习过程，一一对应进行思考和解决。

在增强小组成员路径策略的过程中，主要用到了游戏活动，由此可以看到小组成员之间的互动，以及他们个人思考和解决问题的过程。婷婷说：“在圈中取球这个游戏中，因为我个子比较矮，不能像其他人一样轻松够到球。我先尽量尝试了前倾，去另一侧拿球，但都不行。那个时候有一点沮丧，害怕自己到最后都想不到办法，拿不到一个球。但是后来小琪和小慧一起过来要帮我，我们一起想办法，终于拿到了球。我很开心，觉得还是要想办法，并且有时候也可以请别人帮助自己，我也很感谢她们。”婷婷在整个小组过程中变化较大，她渐渐敢于在小组中表达；小洁在遇到困难时，会主动求助；小慧和小琪比较活跃，并乐于助人，能够在小组中起到引领作用；辰辰的小组融入性较低；小俊在小组中参与的主动性偏弱。在每次游戏或个人故事分享之后，都会进行总结，这也是非常重要的部分。一开始他们并不能清晰说出自己是如何成功完成任务的，在社工的引导下，他们的总结越来越精彩。在河内塔游戏中，他们总结出“耐心、智力、手速、尝试、思考、自信、找规律、坚持、保持兴趣”等取胜关键点。从中可以看到他们的思考方式，以及彼此之间的互相学习与了解问题和事情的多种解决方法。

在这一阶段，他们也开始同步准备汇报演出的内容。对于汇报演出，小组成员在不同程度上表现出了担忧。通过社工引导，与大家一同分解准备模块，细化目标，大家开始进入了对汇报演出较为积极的想象。同时，为了增强其路径策略和挫折处理策略，社工选用一些简单的游戏、故事、理论、框架帮助大家进行梳理并回顾小组成员的个人成长经历，让其看到成功经验，积极面对挫折。汇报演出的合唱曲目《稻香》因为需要大家配合歌声、乐器、动作一同演出，难度较高，因此在排练过程中会遇到困难。在教学者的带领下，他们继续练习。小洁说："我觉得挺难的，自己一个人还好，现在又要跟上音乐又要跟大家合拍，还是不简单的。不过，还有时间，我们可以排练好的。"在汇报演出的过程中，选取负责人，监督进程，分配演出宣传、物资准备、房间布置、演出主持、各节目排演等任务十分重要，让他们在准备过程中遭遇了许多困难。小俊说："以前我都是坐在下面看表演的，这次需要我去表演，而且我们每个人都要承担很多任务，一开始还是蛮紧张的。"相对而言，小琪和小慧则主动当起负责人，并催促每个人认真准备。小慧说："一件事做了就要好好做，排练的时候就要认真排，我觉得没什么好紧张的，我们努力准备了就会有成果的。"

路径策略的增强，让小组成员在面对游戏、音乐汇报演出乃至生活中的事件时，能够找到更多解决问题的途径，因而可以更好地应对逆境情况。同时，在遭受挫折之后，能够转换消极思维为积极思维而不退缩。当自己能够解决一个又一个难题时，自身的能量就会不断被激发，个人的希望感也会提升。

第四阶段：增强动力、提升信念

"音为梦想"小组的第四阶段为第九节次至第十二节次，是不断强化希望模型的运作过程和共同收获的阶段。在不断巩固目标意识、增强路径发展策略和挫折处理策略基础上，激发小组成员的目标达成动力，增强个人和小组整体信念。

在增强动力策略上，采用一些游戏对他们进行锻炼并促进其思考，迁移至他们的生活事件中，增强他们在音乐及生活中的信念。在游戏过程中，可以看到小俊、辰辰极易烦躁，在一两次失败后就想要放弃，他们尤其认为游戏"驼峰叠积木"是不可能完成的任务，但是最后看到组员完成了这个任务，觉得自己也可以在尝试后完成。同时在游戏中小琪、小慧表现出百折不挠的信心，并在失败之后继续下一次的努力。在这一阶段中，无论是在游戏方面还是在汇报演出准备方面，小组成员之间彼此影响，小俊和辰辰也逐渐进入稳定的准备状态。

当小组处于最后 4 周时，在小组和课余任何时间，都能看到他们讨论的身影，并将汇报演出的所有工作一一有序推进。他们目标和任务明确，遇到问题也及时解决或求助，将在小组中所学的知识活学活用起来，俨然是一个自行运转的优秀小团体。小琪说："虽然我有时候也会觉得有点累，会想要偷懒，事实上也偷过懒，哈哈，但是社工姐姐也在帮我们，而且我们也很期待属于我们的汇报演出，所以还是蛮用心的。"

在最后阶段，可以明显看到小组所有成员的成长和变化。婷婷不仅更加活泼外向，而且能够在舞台上更为自信地歌唱；辰辰从一直抗拒上台表演到最后坚持演完全程；小俊从一直喊不知道的状态，到最终能够聚集人员一起出演小品。演出结束后，小慧说："这是我们最好的一次，比任何一次彩排都好。"在节奏大师这十一人的演出节目中，小洁作为带领者起了非常好的头。小洁说："我这次一点都没有出错，我觉得大家声音非常齐。"

通过观察和干预发现，从一开始的不知所措到最后舞台上的完美呈现，离不开组员对汇报演出成功的期待。小组干预中的希望注入、目标、动力、路径、挫折处理策略，都有效地帮助他们进行这次汇报演出的准备，他们的成功也与他们不断运用策略靠近目标息息相关。在这个过程中，他们内在的希望机制处于良好的持续运作状态，他们的希望感和自信心稳定提升，帮助他们达成目标。继而，演出的成功则进一步激发其希望感的提升。

在小组的最后，社工再次与他们一起梳理和确认目标，并将他们在小组、音乐课程中获得的经验与以后在生活中的运用加以连接，希冀他们在之后的学习生活中能够有更高的希望感及更好的生活状态。

四 小组干预成效评估

在小组结束后，本研究采用访谈和量表的方法对小组干预成效进行了评估。

1. 目标设置情况

从目标设置来看，目标更加贴近小组成员的个人情况，符合其自身的兴趣能力。同时，小组成员有了一定的目标阶段意识，不仅能够设置长远的目标，更能将目标细化为各个时期所需的行动和达成的结果。在小组结束时，每个组员都更新了自己的目标，并展现出强烈的信念感和应对自信（见表4）。

表 4　小组成员后期目标调整

姓名	近期目标	学业成绩目标	个人长远目标
小洁	学好素描	适应六年级，成绩跟得上	当护士
婷婷	减少跟妈妈发脾气的次数	适应六年级，成绩跟得上	当语文老师
小慧	减肥	保持当前水平，考好高中	当语文老师、学好沪剧
小琪	放弃吉他，专心练尤克里里	进年级前 150 名，考好高中	当英语老师
小俊	继续练习尤克里里	保持年级前五左右	考上清华大学，学习金融
辰辰	减肥、学做菜	保持之前的水平	当数学老师或厨师

小组成员在学业成绩目标、个人长远目标设置等方面都有重要改变，如小洁原本当医生的职业目标在小组中说出后自己进行了思考。她说：“自己以前只是想要当医生，听到原来做医生并不是那么简单的，我也跟奶奶讨论过了，如果想要去医院工作，那么做护士比较好，也能照顾像奶奶一样不方便的人。”又如婷婷，因为参与这个小组，她能够在与家人沟通方面有所改善，和妈妈的关系有所缓和，也订立了减少跟妈妈发脾气的次数的近期目标，她对自己想要当老师的目标也更加明确。再如小俊，对于此次期末考试没能进入学校前三的事实，他重新评估了自己的成绩，认为下次的目标可以订在前五名。对于个人长远目标，他和爷爷都希望自己能够考上类似清华大学的知名学府，所以他会继续在学习上努力。

2. 希望感情况

希望感的评估采用 Snyder 等制定的《儿童希望量表》。该量表有 6 个题目，测量“路径思维”的是偶数项的 3 题，测量“动力思维”的是奇数项的 3 题。本量表采用了六点式的计分方法，总分在 6 ~ 36 分，适用的对象为 8 ~ 16 周岁的儿童。通过初步访谈和评估，获得研究对象的希望感状况如下。

希望在不同年龄儿童身上会有明显的变化，一般情况下，儿童年龄越小，其希望的性质就越偏向于积极，希望感就会越高（任俊，2006）。在本次测量中，小洁和婷婷是小组中年龄最小的成员，她们的分值最高；辰辰和小慧年龄最大，他们的分值最低。虽然婷婷和小洁的希望感在分值上没有再上升，但是其希望感分值一开始就较高，并且无论是小组中的表现、汇报演出还是访谈中的反馈，都较为正面。小慧和辰辰的初始希望感分值很低，分别只有 14 分和 13 分。经过“音为梦想”小组活动，辰辰的后测希望感提升至 19 分，增加了 6 分；小慧的后测希望感提升至 17 分，增加了 3 分。小组另外两名成员小琪和小俊的后测希望感分值也有一定的提升（见表 5）。

表 5 小组成员希望感前后测比较

单位：分

姓名	希望量表总分		增减
	前测	后测	
小洁	32	30	-2
婷婷	34	31	-3
小慧	14	17	+3
小琪	29	32	+3
小俊	27	29	+2
辰辰	13	19	+6

结合过程评估及 Snyder 等的《儿童希望量表》的测评，小组成员的希望感在不同程度上得到了提升。主要反映在他们在生活、学习、人际等事件中应对能力的提高、信念感的增强以及抗挫折能力的提高。

3. 后期回访情况

“音为梦想”小组结束后三个月，研究者对这 6 名研究对象进行回访。此时他们已经升学，新学期到了期中的阶段。小洁和婷婷从五年级到六年级，更换了班级和学校，进入了不同的学习氛围，她们表示花了一些时间适应，但是很顺利。在成绩上，由于课程内容难度的提升，成绩在分数上显示有一些下降，但是她们的心态十分积极，也有自己期望的目标成绩，认为自己学习新的方法，不气馁就能提高成绩。小慧因为身体原因住了院，见面时她还在康复中，但是她没有因为生病而情绪低落，依旧保持乐观的心态，这也有助于她的身体恢复。小琪在进入小组之初，有一定的家庭关系困扰，但是她觉得在“音为梦想”小组中学到的正向的心态让她重新去看待与家人的关系，也会有更多化解矛盾的办法。在三个月后的回访中，可以看到希望的内在运用机制依旧在这些儿童身上发挥作用，并且在其生活和学习的过程中不断强化，同时这提升了他们各方面的正面感受和适应力，展示出更高水平的抗逆力。

五 研究结论与思考

对于本次“音为梦想”小组的干预和服务，本研究有如下结论。

第一，本研究运用社会工作专业小组与音乐课程相结合的方法，以儿童感兴趣的“音乐目标”为导引，有利于激发儿童的兴趣，学习乐器演奏的过程包含了“目标设定、持之以恒、克服困难、掌握技能、成就体验”等要素，这些要素是成功的必要条件和心理过程，有助于儿童把这些能力迁移到学习、生活其他方面，如学业目标和长远目标的思考与设定。具体的音乐目标、学业目标、长远目标三者的结合，更易为儿童理解与接受。

第二，研究发现，困境家庭儿童初期目标设定具有模糊性、幻想性，有的儿童希望高远，设定的目标比较“空大”、偏离实际，还有的儿童心中缺乏目标，对未来希望感低。通过小组干预，儿童会适时调整目标，原本“高远”的目标变得更具可得性，而原本缺乏目标者，也根据自己的情况提出可接近的目标。

第三，在希望感方面，出现“中线回归”。本研究中希望感的前后测分数并没有显著性差异，但有 4 位同学希望感提升，2 位出现下降，出现下降的儿童是前测希望感最高的 2 位，她们年龄最小（11 岁），年龄越小希望感越具“积极幻想”，也验证了希望感在不同年龄儿童身上会有明显的变化，儿童年龄越小，其希望的性质就越偏向于积极（任俊，2006）。另外，经过小组干预，大龄少儿的希望感都有提升，表明小组干预是有效的。

第四，建议困境儿童社会工作实务应当开展相对“长期”“持续”“专业系统”的干预服务，以提升社会工作服务成效。现有困境儿童社会工作实务中，小组工作一般为 6 节次，干预时长不足，无法确保干预成效。儿童心理与行为发展是长期持续的过程，干预成效必须考量时长与频次。

第五，从理论视角与服务理念来看，应从问题视角转向优势视角，并结合服务对象的年龄特征和心理发展任务，开展发展性社会工作服务。应更多地挖掘与激发儿童自身内部的保护性因素，促进儿童正面成长。

参考文献

Alan Carr, 2013,《积极心理学：有关幸福和人类优势的科学》（第二版），丁丹等译，北京：中国轻工业出版社。

常淑敏、张文新，2013，《人类积极发展的资源模型——积极青少年发展研究的一个重要取向和领域》，《心理科学进展》第1期。

丁一、张晶、任静、杜培培，2016，《接受式音乐干预对原发性肝癌患者术后希望水平和应对方式的影响》，《中华现代护理杂志》第14期。

董立焕、查梦培、刘萍萍、成杰、唐启群、王卫亮、郭宗海，2021，《五行音乐疗法对脑卒中患者焦虑、抑郁及希望水平的影响》，《国际护理学杂志》第7期。

董淑贤、张俊、郑秀、李红梅、田朝霞、郝婷、杨启慧、仲朝阳，2021，《青年乳腺癌患者拼贴画心理疗法的实施》，《护理学杂志》第8期。

何玲，2015，《流动儿童的抗逆力与自尊、社会支持、自我效能感的关系研究》，《首都师范大学学报》（社会科学版）第3期。

何敏贤、袁雅仪、段文杰，2014，《发现自己的抗逆力：正向心理学的应用和技巧》，北京：社会科学文献出版社。

侯阿幸、彭真、张笑，2022，《认知行为疗法联合家庭支持对居家肝癌患者心理状态、希望水平及社会支持的影响》，《中国健康心理学杂志》第5期。

胡金凤、郑雪、孙娜娜，2011，《压力对“蚁族”群体心理健康的影响：希望的调节作用》，《心理发展与教育》第3期。

华红琴、王炎涛，2017，《家庭抗逆力生成研究——以自闭症儿童家庭个案为例》，载张文宏主编《都市社会工作研究》第2辑，北京：社会科学文献出版社。

黄晶，2012，《希望课程对儿童希望及复原力的影响》，硕士学位论文，浙江师范大学。

李洁莉、潘世华、陈贵儒、沈霞、丁晓敏、孙慧敏，2020，《正念冥想干预对护士第二受害者体验及希望水平的影响》，《护理学杂志》第18期。

李娟、卢静静、戈静怡，2022，《当前我国健康困境儿童学业发展问题及介入策略——基于苏北地区×市的调查》，《社会福利》（理论版）第3期。

李莉、姜改英、李敏，2021，《临床一线硕士学历新护士抗逆力现状及影响因素分析》，《护理研究》第17期。

李丽，2020，《接受式音乐干预对胰腺癌患者术后负性情绪、希望水平和应对方式的影响》，《国际护理学杂志》第17期。

李永慧，2017，《积极心理学视阈下的希望研究述评》，《佳木斯职业学院学报》第 4 期。
刘涤，2019，《哈尔滨市三级甲等医院医护人员抗逆力水平及其影响因素研究》，《哈尔滨医科大学学报》第 6 期。
刘桂华、欧萍、黄龙生、谢娜妹、林锦玲、何迎霜、胡蓉芳，2021，《亲子绘画和创意手工疗法对学龄前期孤独症谱系障碍儿童及其母亲效果评价的前瞻性随机对照研究》，《中国当代儿科杂志》第 8 期。
刘孟超、黄希庭，2013，《希望：心理学的研究述评》，《心理科学进展》第 3 期。
刘取芝、吴远，2005，《压弹：关于个体逆境适应机制的新探索》，《湖南师范大学教育科学学报》第 2 期。
刘玉兰、彭华民，2012，《儿童抗逆力：一项关于流动儿童社会工作实务的探讨》，《华东理工大学学报》（社会科学版）第 3 期。
卢春丽，2017，《农村留守儿童希望感与学习倦怠的关系研究——基于手机依赖的中介作用》，《龙岩学院学报》第 5 期。
卢国慧，2020，《分析叙事疗法对晚期癌症患者希望水平及心理状态的影响》，《中华肿瘤防治杂志》第 S1 期。
任俊，2006，《儿童希望的培养——心理学意义上的分析》，《常州工学院学报》（社会科学版）第 5 期。
申敏、徐艳丽、贾爱兰，2021，《焦点解决短程心理治疗对脑卒中后抑郁患者认知功能及生活质量的影响》，《中国健康心理学杂志》第 10 期。
申智慧、李丽、李胜楠、焦妙蕊，2021，《心理干预联合音乐放松疗法对晚期肺癌化疗患者希望水平、心理痛苦程度、癌因性疲乏的影响》，《国际精神病学杂志》第 2 期。
隋勇莲，2018，《音乐疗法联合心理护理干预对脑出血患者负性情绪及希望水平的影响》，《中国医药指南》第 32 期。
索雪原，2010，《初中生希望与自信关系的初步研究》，硕士学位论文，西南大学。
唐江钰，2020，《父母教养方式对贫困儿童希望的影响》，硕士学位论文，湖南农业大学。
田国秀，2007，《抗逆力研究及对我国学校心理健康教育的启示》，《课程·教材·教法》第 3 期。
田莉娟，2008，《中学生希望特质的评定及干预研究》，硕士学位论文河北师范大学。
王蕾、翟绍蒲、邢伟，2022，《音乐疗法联合理性情绪疗法对宫颈癌患者情绪希望水平及自我护理能力的影响》，《临床心身疾病杂志》第 1 期。
王馨蕊、邢艳艳、许燕，2017，《希望的代际传递效应：教养方式的中介作用》，《心理学探新》第2期。
席居哲、桑标，2002，《心理弹性（resilience）研究综述》，《健康心理学杂志》第4期。
徐强，2010，《大学生希望感与心理健康的关系》，《中国健康心理学杂志》第2期。
杨丹、梁三才、吴海梅，2016，《大学生成就动机与学习倦怠的关系：希望的中介作用》，《中国健康心理学杂志》第2期。
杨新华、朱翠英、杨青松、黎志华、谢光荣，2013，《农村留守儿童希望感特点及其与心理行为问题的关系》，《中国临床心理学杂志》第3期。
于肖楠、张建新，2005，《韧性（resilience）——在压力下复原和成长的心理机制》，《心理科学进展》第5期。
张姬、李丽萍，2021，《团体认知疗法配合心理支持在维持性血液透析患者的应用及对心理韧性、希望水平和生存质量的影响》，《中国健康心理学杂志》第8期。
张娜、王玥、范文凤，2018，《“抗逆学生”何以实现学业“逆袭”——基于PISA2015中国四省市学生科学素养表现及其影响因素的分析》，《中小学管理》第10期。
张青方、郑日昌，2002，《希望理论：一个新的心理发展视角》，《中国心理卫生杂志》第6期。
赵琳、张晓虎，2021，《认知心理治疗对结核病伴抑郁患者负面情绪、希望水平及自我效能的影响》，《中国健康心理学杂志》第8期。
赵宁、彭大松，2019，《大学生抗逆力的外部影响因素分析——以北京市高校为例》，《学术论坛》第6期。
Case, Anne, Darren Lubotsky, & Christina Paxson. 2002. "Economic Status and Health in Childhood: The Origins of the Gradient." *The American Economic Review* 92 (5): 1308 - 1334.
Evans, G. W. 2004. "The Environment of Childhood Poverty." *American Psychologist* 59 (2): 77 - 92.
Ryan, R. M., Fauth, R. C., & Brooks-Gunn, J. 2006. "Childhood Poverty: Implications for School Readiness and Early Childhood Education." In B. Spodek & O. N. Saracho (eds.), *Handbook of Research on the Education of Children* (2nd). Mahwah, NJ: Erlbaum.
Snyder, C. R. 1994. *The Psychology of Hope: You Can Get There from Here.* New York: Free Press.
Snyder, C. R. 2002. "Hope Theory: Rainbows in the Mind." *Psychological Inquiry* 13 (4): 249 - 275.

Snyder, C. R. , Harris, C. , Anderson, J. R. , Holleran, S. A. , Irving, L. M. , Sigmon, S. T. , & Yoshinobu, L. 1991. “The Will and the Ways: Development and Validation of an Individual-differences Measure of Hope.” *Journal of Personality and Social Psychology* 60 (4): 570 – 585.

Snyder , C. R. & Shane J. Lopez. 2006. *Positive Psychology, the Scientific and Practical Explorations of Human Strengths*. Sage Publications.

Snyder, C. R. , Sympson, S. C. , Ybasco, F. C. , Borders, T. F. , Babyak, M. A. , & Higgins, R. L. 1996. “Development and Validation of the State Hope Scale.” *Journal of Personality and Social Psychology* 70 (2): 321 – 335.

青少年抑郁症患者人生意义感的影像发声法介入过程及服务模式探索

杨镐冰　张依芸　郑雨婷　朱雅慧*

摘　要　近年来，我国罹患抑郁症的青少年比例正在增加，抑郁症的有效干预手段却十分有限。生命意义的缺失是抑郁症的重要征兆之一，正确培养人生意义感对做好青少年抑郁症防治工作至关重要。本文从社会工作视角出发，基于互动理论模式，采用量表法、半结构式访谈等方法收集资料，并将影像发声法应用于青少年抑郁症患者的人生意义感干预过程。研究通过 C－MLQ 人生意义量表对3个为期7日的线上介入过程进行成效评估，发现影像发声法能够有效提升青少年抑郁症患者的人生意义感。同时，研究还对影像发声小组与单次小组、互动主题活动联合构成的影像发声工作坊服务模式及其对激发服务对象的交往潜能、帮助服务对象确立人生目标等方面进行了有益探索。

关键词　影像发声　人生意义感　抑郁症　干预研究

* 杨镐冰，上海大学社会学院社会工作系本科生，主要研究方向为安宁疗护社会工作、精神卫生社会工作；张依芸，上海大学社会学院社会学系本科生，主要研究方向为组织社会学、社会治理研究；郑雨婷，上海大学社会学院社会学系本科生，主要研究方向为劳动社会学等；朱雅慧，上海大学社会学院社会学系本科生，主要研究方向为经济社会学等。

一 问题的提出

（一）研究背景和研究问题

近年来，精神疾病尤其是抑郁症越来越受到大众关注，《中国国民心理健康发展报告（2019～2020）》显示，我国有高达24.6%的青少年检出抑郁，抑郁症发病群体呈现年轻化趋势。本文对抑郁症的界定以《CCMD－3中国精神障碍分类与诊断标准》（第三版）的诊断标准为依据，符合诊断标准症状、社会功能严重受损（严重标准）且病情持续两周以上（病程标准），则诊断为抑郁症（中华医学会精神科分会，2001）。

已有研究表明，生命意义的缺失是低自尊、抑郁、自我认同危机等精神疾病的重要征兆（Yalom，1980）。学界对生命意义感尚无明确界定，本文主要选取Steger等（2006）的观点，即人生意义为“个体存在的意义感和对自我重要性的感知”，包含“拥有意义”（present of meaning）和“追寻意义”（search for meaning）两个维度。“拥有意义”指个体对自己活得是否有意义的感受程度；“追寻意义”指个体对意义的积极寻找程度（程明明、樊富珉，2010）。

人生意义体验与抑郁存在统计意义上的显著负相关关系，个体生命意义感越低，其抑郁情况就越显著（王孟成、戴晓阳，2008）。青少年受内分泌影响，情绪波动较大，常痛苦于学业和家庭的外在压力，对生活失去希望而患上抑郁症（李玖玲等，2016），且青少年期发病的抑郁症患者治疗效果更差、自杀风险更高、社会功能影响更大、自我痛苦感更重（梁楷利等，2021）。这也意味着对于正罹患抑郁症的青少年而言，疾病本身的痛苦、身心发展的不全面、抗抑郁药物的副作用影响等多重压力，会使其更难以凭借自身力量寻求个体人生意义感。社会亟须重视青少年心理健康，探索行之有效、形式多样的抑郁症干预方法。

目前国内对抑郁症干预方法的研究主要包括两个方面：中医药应用于临床治疗；心理干预。既往研究发现疏肝调神针灸（樊凌等，2012）、柴胡类经方（张颖等，2014）等疗效显著，具有广阔治疗前景。适当的心理干预方法能够有效减轻患者的抑郁症状（金凤仙、赵建利，2013），提高抑郁症患者的临床疗效及服药依从性，降低复发率（许丽霞等，2011）。

既往研究中，许多社会工作者在个案工作、小组工作过程中结合心理学、护理学等学科方法进行干预，发现理性情绪治疗模式（郝桐，2013）、社会支持理论运用（王经亚，2018）、发展与增能理论的个案工作方法（冯楚岚，2017）等能够有效缓解抑郁倾向，促进抑郁症患者康复。

影像发声法（photovoice）是一种参与式的行动研究方法，研究者通过让行动者拍摄相关主题照片记录其真实生活，并以小组为单位讨论照片、分享各自经历和知识提高行动者对问题的认识、找到问题原因及可能的解决方法，从而激发行动者和社会的改变（曲映蓓、辛自强，2017）。该方法能促进个体意识觉醒、重构个体自我叙事，为个体增权（赵万林，2017），具有研究和干预的双重功能（Wang，Burris，& Xiang，1996），在国外得到了广泛应用，如 van Heijningen 等（2021）研究老年脑瘫患者的公民身份认同，Kim 等（2021）研究惊恐障碍（PD）患者的疼痛和障碍，寻找促进患者进行体力活动的具体途径等。国内仅有少数运用影像发声法的研究成果，包括对帕金森病患者的自我效能感和总体健康水平的研究（刘浪、何姗姗，2020），对老年人社区参与的深度、内涵、价值感的研究（吴赛，2019），对院舍孤残青年的社交回避问题的研究（杨童珍，2019），等等。

对于当代青少年而言，首先，影像发声法相比其他抑郁治疗手段具有更强的选择性、趣味性、新颖性与可持续性；其次，智能手机的普及打破了影像记录工具的限制，提供了便利的创作条件；最后，该方法在国内的应用仍处于起步阶段，若此方法能够有效发挥干预作用，青少年抑郁症患者的影像作品面向社会公开，或将有利于推动抑郁症反污名化进程。

基于上述背景和思考，本研究尝试探索以下问题：第一，社会工作如何通过网络为青少年抑郁症患者提供影像发声服务？第二，在线上针对上述对象开设影像发声小组是否能够对其人生意义感产生干预效果？第三，网络媒介与影像发声法结合可以建立起怎样的社工服务模式？

（二）理论视角和研究方法

本研究的实务过程以小组的互动模式为理论基础。该模式强调人与环境的相互影响，认为通过互动个人能够能动地发展出更显著的自我概念，深化自我认识。由此制定具体服务目标：通过影像发声法的干预使抑郁症患者的人生意义感发生积极变化；使服务对象感受到自己获得新的社会支持；使服务对象对自我产生更深层的认识。因此，服务重点关注小组成员的共性问题，强调组员与自身、组员与组员之间、组员与社会环境之间的互动影响。小组动力来源于成员间为解决共同困难与疑惑、寻找共鸣感受、满足共同需要而彼此互动的需求，从而促进小组成员形成小组归属感，能够在小组中勇于表达自己、获得支持。

本研究以质性研究方法为主，评估时采用量表法。研究运用人生意义量表（C－MLQ）测量和评估服务对象参与服务前后的人生意义感数据。该量表中文版是在美国学者 Steger 等人编制的人生意义量表（Steger et al.，2006）的基础上，经国内多位学者完善后评定而成。量表共有 10 个条目，测量人生意义的两个因子，即人生意义体验和人生意义寻求，采用 Likert 7 点记分。量表的内部一致性信度在 0.82～0.86，达到心理测量学要求。

本研究围绕着服务对象敏感话题收集、近期压力源、活动期待等多个问题采用半结构式访谈来收集资料和展开具体研究。而研究对象或服务对象的选取需要符合以下要求：①年龄在 15～24 岁；②具备一定的自我管理能力；③曾于正规（包括但不限于三甲等级）医院就诊并确证的抑郁症患者，或参与 SCL－90 量表自测得分超过 160 分、存在长期抑郁情况的潜在抑郁症患者；④全程参与并能够完整填写前后测量表。最后有 17 人符合上述条件，具体情况如表 1 所示。

表 1　服务对象基本信息及其抑郁状况（$n=17$）

序号	称呼（代号）	性别	年龄（岁）	抑郁状况
1	小橙	女	19	中度抑郁
2	小万	男	20	轻度抑郁
3	小马	女	20	中重度抑郁
4	小更	女	20	重度抑郁、双相情感障碍
5	小七	女	18	双相情感障碍
6	小月	女	20	躁郁症

续表

序号	称呼（代号）	性别	年龄（岁）	抑郁状况
7	小柯	女	20	重度抑郁
8	小加	女	21	中重度抑郁
9	小圆	女	20	轻中度抑郁
10	小青	女	20	轻度抑郁
11	小滚	女	20	轻度抑郁
12	小伏	女	21	中度抑郁
13	小狗	男	16	中度抑郁
14	小方	男	20	痊愈，曾轻度抑郁
15	小球	女	20	SCL－90 量表得分 253 分
16	小哈	女	20	SCL－90 量表得分 167 分
17	小樱	女	18	SCL－90 量表得分 262 分

注：SCL－90 量表从感觉、情感、思维、意识、行为直至生活习惯、人际关系、饮食睡眠等方面进行评估，采用躯体化、强迫症状、人际关系敏感、抑郁、焦虑、敌对、恐怖、偏执及精神病性 9 个因子分别反映 9 个方面的心理症状情况。根据中国常模结果，SCL－90 量表测量结果总分超过 160 分，或阳性项目数超过 43 项，或任一因子得分超过 2 分，则考虑筛选为抑郁症阳性；如标准分大于 160 分，小于 200 分，则初步认定为轻度阳性；如标准分大于 200 分，小于 250 分，则初步认定为中度阳性；如标准分大于 250 分，则初步认定为重度阳性。

二　抑郁症患者需求评估

（一）服务需求评估

对抑郁症患者的量表测量结果显示，服务对象的人生意义感较低且具有较强烈的提升意愿；抑郁程度与人生意义感呈现显著负相关关系。因此，通过提升人生意义感对抑郁症患者进行干预具有可行性。

1. 抑郁症患者人生意义感各条目分析

运用量表对 17 名抑郁症患者（活动参与者）进行测量，其平均得分为 39.9 分，人生意义感处于中等偏下水平，但其提升意愿较强烈（见表 2）。

2. 抑郁症患者人生意义感的方差分析

抑郁症患者抑郁程度与人生意义感的方差分析显示，不同抑郁程度的患者人生意义感存在显著的差异性（$p = 0.047 < 0.05$），患者抑郁程度越重，其人生意义感越低（见表 3）。

表 2　抑郁症患者人生意义感条目选择各等级的人数和占比

单位：人，%

条目	完全不符合		非常不符合		有点不符合		居中		有点符合		非常符合		完全符合	
	人数	占比	人数	占比	人数	占比	人数	占比	人数	占比	人数	占比	人数	占比
①我很了解自己人生的意义	3	17.6	4	23.5	1	5.9	4	23.5	4	23.5	1	5.9	0	0.0
②我正在寻找某种使我的生活有意义的东西	0	0.0	0	0.0	1	5.9	2	11.8	8	47.1	3	17.6	3	17.6
③我总是在寻找自己人生的目标	0	0.0	2	11.8	2	11.8	5	29.4	3	17.6	3	17.6	2	11.8
④我的生活有很明确的目标	5	29.4	3	17.6	3	17.6	2	11.8	2	11.8	2	11. 8	0	0.0
⑤我很清楚是什么使我的人生变得有意义	3	17.6	3	17.6	1	5.9	3	17.6	5	29.4	2	11.8	0	0.0
⑥我已经发现了一个令人满意的人生目标	3	17.6	3	17.6	3	17.6	0	00	5	29.4	3	17.6	0	0.0
⑦我一直在寻找某种能使我的生活感觉起来是重要的东西	1	5.9	0	0.0	3	17.6	4	23.5	5	29.4	2	11.8	2	11.8
⑧我正在寻找自己人生的目标和使命	2	11.8	0	0.0	1	5.9	6	35.3	3	17.6	3	17.6	2	11.8
⑨我的生活没有很明确的目标	3	17.6	4	23.5	5	29.4	2	11.8	0	0.0	3	17.6	0	0.0
⑩我正在寻找自己人生的意义	1	5.9	0	0.0	1	5.9	6	35.3	5	29.4	2	11.8	2	11.8

表 3　抑郁症患者抑郁程度与人生意义感的方差分析

	抑郁程度（平均值 ± 标准差）			F	p
	轻度（$n=5$）	中度（$n=7$）	重度（$n=5$）		
人生意义感总分	45.20 ± 2.68	42.14 ± 7.34	31.60 ± 12.22	3.837	0.047 *

* $p<0.05$。

（二）服务对象的人生意义感表现特点

通过半结构式访谈资料分析及结合干预过程中对服务对象的观察和了解，可以将其人生意义感的表现特点概括如下。

1. 对自己未来发展感到迷茫

服务对象对自己的未来规划并无明确图景，缺乏目标感，对未来发展感到迷茫，有的甚至没有想象过未来的画面。

> 我这两个月总是处在不好的状态中，未来又是那么遥不可及。感觉自己和外界格格不入，也说不明白哪里格格不入。（摘自小樱的访谈记录）

2. 对人际交往产生自卑心理

服务对象的过往经历和生活经验使其担忧受到负面评价，从而在人际交往中产生自卑心理，不愿意与他人分享真实想法和感受。同时，长期的自我封闭使服务对象将情绪郁结于心，又加重其自我否定。

> 我见识少，说多错多，所以大部分时间我会选择闭上嘴巴什么也不说。……我有点怕别人讨厌我，可能就是这样导致我不知道怎样发泄自己的坏心情。（摘自小月的访谈记录）

> 我把很多事情压在心底太久太久了，已经不知道该怎么输出，就像已经被困住了……我可以无条件付出，但是如果有人对我好，我会不知道该怎么回应才好，就希望自己可以帮助别人、照顾别人、温暖别人，但是反过来别人这样对我，我会不知道该怎么回应怎么接受。（摘自小柯的访谈记录）

3. 因外界环境压力过大，难以纾解

研究发现，部分服务对象接收了过多外界期待，自身无法承接而产生了巨大压力，且在日常学习、生活中，这些压力缺乏合适的输出方式，使得

服务对象的压力与负面情绪长期难以纾解，对身心状况都造成了负面影响。

我经常被说，你是全家的希望，为什么不多努力一点……（摘自小马的访谈记录）

我的问题好像就出在这里了，有时候坐在教室里面突然就想哭，我知道这样不对，可是我没有办法放松。这种情绪会一直影响我的生活，直到它又莫名其妙消失。（摘自小滚的访谈记录）

访谈资料表明，研究对象已经被环境和自身的压力压迫得不能自已。

4. 努力寻求改变方法

研究发现，大部分服务对象具有较强烈寻求改变、探寻个人人生意义的更好可能性的意愿。

一个人走在街上的时候总是看手机，戴着耳机听歌。但在这次活动中，我希望能更多地抬头看看周围的世界。我想，以后也还是会多多抬头看看世界，摘下耳机，听听身边的声音。更重要的是，会多多拍照，记录下美好的瞬间。我的生活，也算是亮起了绿灯，可以继续向前了。（摘自小哈的访谈记录）

需求调查和分析表明，挖掘潜在的能力和自我发展动力、改善对自我形象的认知和在人际交往中的自信、引导思考自己未来发展的可能性，以及搭建朋辈支持网络和情绪输出桥梁与提供具有自我干预效果的实践技巧，从而获得更强的人生意义感，等等，是服务对象最为迫切的愿望。

三 抑郁症患者人生意义感的影像发声法介入过程

（一）服务干预路径设计

本研究以提升服务对象——青少年抑郁症患者的人生意义感为目标，

聚焦构成人生意义感的两大重要影响因子，即人生意义体验与人生意义寻求，采用影像发声法与单次小组（熊能新，2018）相结合的介入方法。在实务过程中，影像发声法以图片、视频拍摄为参与者基本小组活动内容，由影像拍摄、公开展示、作品讨论、纪念品制作四个环节构成该方法技术层面的完整过程，以此促进服务对象通过影像有目的地表达自身情绪与感受，以新视角留心生活中的美与丑、善与恶，探寻个人对人生意义的定义与理解。在分享自身经验、与他人产生思想碰撞或共鸣、收到由自己作品制成的纪念品等过程中收获积极的人生意义体验，其干预思路和路径如图1所示。

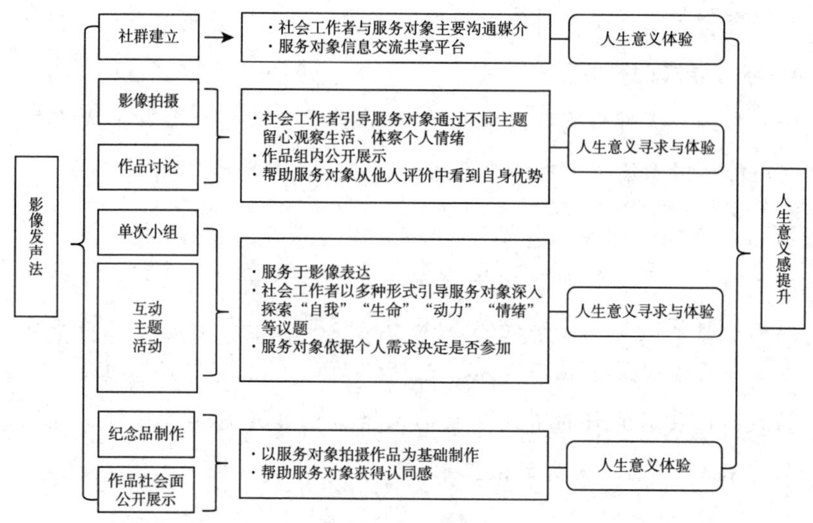

图1 总干预路径

同时，本次介入过程还将以社群为纽带的连续7日的多个线上单次小组、互动主题活动作为辅助方法进行应用，目的在于影像发声法运用后的延展性深入讨论。服务中运用与人生意义探索主题相关的线上小组游戏帮助参与者增加彼此联系和增强信任感，以打破线上运营空间的局限带来的疏离，由此保障影像发声法的作品讨论阶段能够充分发挥作用，促使服务对象获得人际交往过程中新的人生意义体验。其中，有主题的线上交流会为服务对象提供线上“面对面”直接交流机会，给予服务对象更大程度的自我表达、彼此互动的空间，并从他人和社会工作者的分享中有所收获。

在服务对象层面上，增强个体自信心，获得感受并追寻人生意义的动力。在社会工作层面上，促进“助人自助”理念的达成。

（二）影像发声法对人生意义感的具体介入过程

1. 第一板块：线上社群

服务的线上社群作为社会工作者与服务对象的主要沟通媒介，为不同地域、生活背景的服务对象搭建了信息交流的共享平台，让其得以“抱团取暖”，并在这一过程中学习、觉察，逐步实现“自助”。影像发声法与线上社群的融合使交流通过图片、视频、声音等形式更具象，更具有“当下”的时间性与延展的空间性，呈现更为立体与多向度的姿态。

研究搭建的影像发声平台，使每个个体在活动期间形成一个限定共同体，又在活动结束之后根据彼此的意愿联结。服务对象均反映在活动中结交了许多朋友，彼此扶持、形成积极的情绪。在思考事件、帮助他人时，个体亦在体验自我与他人中提升了自我的人生意义感。影像发声平台不仅在提升个体的人生意义感上具有一定成效，也较大地提升了服务对象获得的情绪正向反馈。

2. 第二板块：影像拍摄与作品讨论

在影像拍摄期间，服务对象选择符合自身状态的主题进行艺术创作，将自身的观念和情感融入作品，抒发情绪。拍摄主题的设计既鼓励服务对象觉察“今日份心动”，又提示其在“踽踽独行时”不忘“掌心的温度”（引号内容为拍摄主题），以主题传递人生的多面与无限可能。影像发声技术并不要求服务对象熟练掌握技能，而是能够在选择主题与拍摄方法时充分挖掘自身的潜力，在发现自我与他者中寻求人生意义。

在影像拍摄和影像表达的内涵中，笔者发现，服务对象对个人人生意义的解读处于不断变化之中，在干预过程中可概括为五个阶段：心之留白、生活之中、情绪之旅、抑郁之我、心之流露。

（1）心之留白：对影像作品的被动叙述

在干预初期，服务对象往往回避接受他人的情感和与他人交往，倾向于采用纯图片的形式分享作品，指意较为抽象，需在社会工作者的鼓励下为抽象创作予以具象表达，被动地叙述影像背后的故事。

欲望无论高低贵贱都需适可而止。（摘自小万的作品配字）

如图2作品《下午》（社会工作者：通过《下午》这幅作品，你想表达些什么?），拍摄者小柯说，“一个平凡的下午，身边有家人和猫咪，正是平凡的快乐才是真正的温暖”。知足而乐，欲望与满足的平衡影响着大家的生活体验感，参与者小万则透过书籍排列的方式反思欲望的尺度（见图3），展现出以小见大的生活智慧。在这一阶段可以发现，服务对象能够以迥异的视角从物品的表象窥见生活的内涵。他们并非不能关注到生活本身及其中的趣味，而是需要在包容、接纳的环境中被科学地引导，敢于表达出内心的真实想法。

图2 《下午》（拍摄者：小柯）

（2）生活之中：表达对日常生活的感受

在社会工作者的引导下拍摄进入第二阶段，作品倾向于反映现实、记录生活，服务对象开始学会运用影像发声法表达自身对生活的态度。

在这一时期，他们的作品与表述展现出以下四个特征：愿意与人联结、渴望爱与被爱、期待生活本身以及真诚表达感恩。这些作品的特征似乎与参与者表面状态相悖。小樱向大家展示图4的作品，不仅和大家分享

图 3　《吃不完的食物、看不完的书、人的欲望》（拍摄者：小万）

方便面用何种配料得以锦上添花，还感叹般地指出，“幸福就是这么一碗热腾腾的面”。

图 4　《我的晚餐》（拍摄者：小樱）

不难发现，抑郁者在内心深处仍保有对爱与生活的期待，希望获得家人、朋友的支持。参与者小青看了图 4 的作品，在群里表达了先前同家人一起怀着爱意做饭的快乐，这种氛围让她怀念亦充满向往。

参与者小樱在创作《街景》（见图 5）时提及，“这是一个值得纪念的瞬间，是我上大学后第一次告诉身边的人我过往的经历”。她先前向社会工作者表露一定的担忧，即因为分不清发牢骚和分享经历的界限，害怕被人讨厌，逐渐变得什么都不想说，“但是现在我有在努力不去逃避，而是告诉那些想要了解我的、在乎我的人我内心的真实想法”。通过运用影像发声技术，服务对象变得越来越敢于表达、愿意与他人分享对日常生活的感受。对于该阶段的活动，小樱在展示作品的同时向社会工作者表达了对生活的希冀，“看了大家在群里的讨论，感觉自己被治愈了，相信明天会更好吧”。参与者小圆鼓励大家“无论前路有多么漫长，我们都可以激励自己继续前行”。她认为，运用影像记录生活本身，就是认真活着的证明。

图5 《街景》（拍摄者：小樱）

（3）情绪之旅：表达变幻莫测的情绪

第三阶段的作品体现出从集体到个体、由生活到情绪的变化。社会工作者在运用专业方法实施干预后，引导服务对象逐步实现从表达情绪到接纳情绪的过渡。参与者小青记录下昏黑的夜幕时分（见图6），试图以此表达忧伤的情绪。

忧郁的感受最近围绕着我。今日听闻一个用力生活着的人离开了，心中尤其不能平静。

窗户像是一种视角，我透过我灵魂的薄膜，借着我心境的底色去观察整个世界，我既是接受光的沐浴荡涤的受洗者，也是那个散发着光芒的光源。

图6 《夜幕》（拍摄者：小青）

> 夜幕像倾倒下来的黑色墨水。一格格窗子的灯光像一双双眸子，又像一点点萤火。照着我的心，千疮百孔。（摘自小青的作品配字）

在该阶段创作中，服务对象反馈了多样的情绪状态，他们中的一部分已经认识到情绪是流动的，在抑郁状态下，情绪会没有原因地时好时坏。

参与者小滚拍下了她心爱的玩偶小猪（见图7），提起了过往的经历：

图7 《我和我的儿子》（拍摄者：小滚）

“我高三情绪很低落的时候，我妈妈把它从超市的货架上带回来了。它陪着我度过了很多不开心的晚上和开心的日子。”这只小猪见证了她长期以来情绪的流动。

> 好的时候人想要把一切事物和身边人分享，坏的时候会把自己封闭起来，会控制不了情绪。不过，我有在努力发现生活中彩色的部分。（摘自小更的访谈记录）

其他服务对象也已经学会通过影像发声的方式向外流露情绪，并接纳这些情绪的存在。小圆同大家分享她与情绪相处的秘方，“不需要立即快乐起来，只要慢慢调整自己的力量，不被负面情绪拖拽着走就是进步”。

（4）抑郁之我：抑郁在个体生命中的呈现

服务对象在拍摄进入第四阶段后开始直面抑郁，述说抑郁带来的痛苦。小七表示，“我都要被自己气死了，记忆力真的不好，吃药降智，我已经不想吃药了，但医生说现在不能减药”。小伏则说，“光是去医院这件事情，已经需要积攒很久的勇气了”。抑郁症带来的痛苦不乏抑郁本身导致的情绪低沉，也包括在就医、治疗过程中不被理解，抑郁者正背负着身－心－社－灵的多重重压艰难前行。小更通过一段视频（见图8）讲述了她与抑郁症相处的心路历程。

> 我从来不害怕它，只是和它的斗争时常让我身心俱疲。……这个病没有什么大不了的，和感冒发烧一样，只要配合治疗，好好吃药，总有一天会好。……氟西汀、奥氮平、阿普唑仑，这些我倒背如流的药逐渐成为我生活中不可或缺的一部分。我承认依赖它们是真的，想要摆脱它们也是真的……有心理疾病的人忽然不想吃药也不是因为看见了希望，而是承受不住药物带来的另一份重量。……让我们接受合理治疗的前提，除了我们自己的勇敢与配合，还有更多人给予的理解与支持，用同理心去感受和关怀。我时常觉得自己是幸运的，当我坠入深渊时，身边的家人、朋友总会奋力将我托举，这种感觉就像独自行走在黑暗中，却又时常能够给你带来光亮。（摘自小更的视频文字）

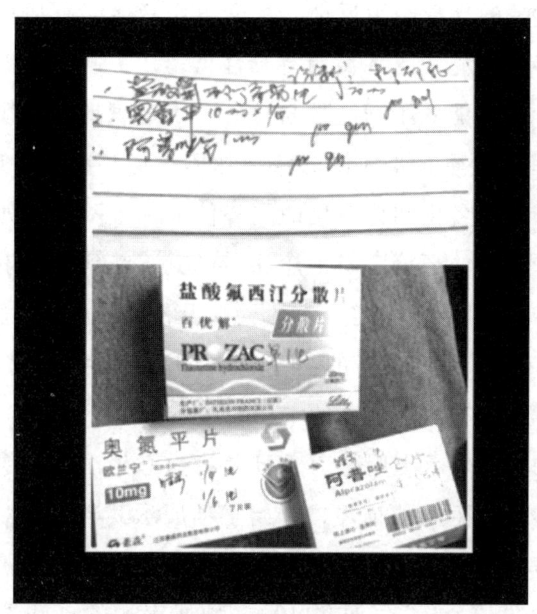

图 8　《深渊》片段（拍摄者：小更）

服务对象彼此倾听，彼此鼓励。小青告诉大家，“抑郁本身就是快乐的能力减弱了，给自己提‘快乐起来’的要求其实是有点勉强自己了……情绪自然流露不是什么羞耻的事情！”小柯也分享了自己存放药品的盒子（见图 9），“虽然生活很苦，但是也要想办法热爱生活！哪怕是吃药这么苦的事情！”

图 9　《我的药盒》（拍摄者：小柯）

通过服务对象的自身经验反馈，社会工作者能够更加具象地获知抑郁者实际面临的多重困境。情绪长期持续性低落、失眠、记忆力退化、躯体化等都会带来身体机能的不适。低自尊感、下意识地自我揽责、为他人不当行为进行合理化解释等非理性的状态加剧了心理痛苦，形成恶性循环。整个社会对抑郁的污名化和普遍化的趋势使抑郁者不得不处于这种轻视甚至忽视抑郁症严重性的环境。由信念感、成就感受到负面事件的打压而产生的退缩与逃避引发抑郁者对生命存在意义及价值的质疑。服务对象在此次服务中通过影像记录获得了发声的空间，得以勇敢表达自身对抑郁的解读。

（5）心之流露：对影像作品的主动表达

第五阶段的作品展示出服务对象具备将内心想法与影像融为一体的能力。他们运用影像与生动的描述，开始主动展示其与内心对话的内容，个人对生命的思考亦借助丰富的色彩向公众流露。小伏拍摄了海浪，并为其配字“这难以逃脱的命运”（见图10），她所表达的自己是：“各种意义上……我是个比较相信‘命运’的人，但也不能说无为。‘难以逃脱’并不是个负面的描述，生命中有些事就是恰好发生，有些事就得迎着上去，我无法改变命运的‘到来’，但能够影响它的‘展开’。”小柯则通过一盏灯阐释（见图11）：“静夜下的天总是暗色而不见星明，但是总有一盏灯会在街角亮起，为这深夜增添一丝明亮……而这盏灯不仅能照亮夜，也能照亮心间的路，明日的路。”热爱音乐的小加则用一把音叉道出生活的动力（见图12）：“只要还能歌唱，只要还能听见这个稳定的440Hz，我大抵就还有把握生活的力气。”

图10 《这难以逃脱的命运》（拍摄者：小伏）

图 11　《灯》（拍摄者：小柯）

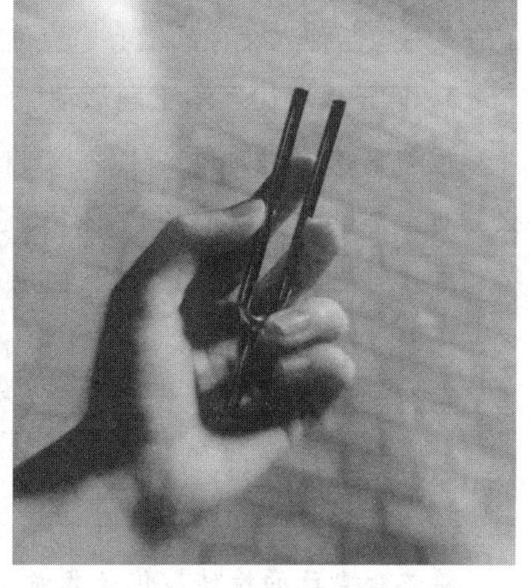

图 12　《音叉》（拍摄者：小加）

在最后一个阶段，服务对象更倾向于直面现实，不再回避人群与自己的真实想法。正如参与者小樱提到的（见图 13），“我的生命状态包括：拒绝他人接近（包括肢体和心灵）；一直在网上冲浪，混日子，很迷茫；已经懒得伪装自己了”。在服务结束的反馈中，小樱直言，“大家都明白逃避不是解决之道，但还是会不信任别人包括自己。不过再怎么不相信，终究还是自己出了问题需要解决。参加活动让我感觉自己又回到了人群中，这是件好事”。

图 13　《我的生命状态》（拍摄者：小樱）

影像发声使得改变正在发生，“与影说”7日干预服务在一定程度上提升了服务对象与他人交往的信心、直面自我的坦诚与拥抱生命多重可能的勇气。

3. 第三板块：互动主题活动

互动主题活动通过线上会议平台将服务对象的交流从文字转向语音。服务对象积极学习，应用自我干预技巧；直面自身情绪，培养主动管理情绪和寻找方法的意愿；直面严肃的人生意义问题并以多元、开放的态度观之，积极寻求人生目标。在“传递小纸条”环节，小樱对另一位参与者表达了慰藉。

> 其实突然有负面情绪也没有关系，我知道有时很痛苦很难熬，很难忽视自己的情绪，但是我希望你不要一个人承受，你可以尝试倾诉，你不是孤单的，大家都会一直陪着你的，都会好的，你也会有属于自己的小猫咪的。（摘自小樱在“传递小纸条”环节的留言）

在“树洞”环节，参与者以匿名形式自由表达、宣泄情绪、互相提供支持，增强个体的自信心。

> 从小到大都是我在追别人，其实很想被追求……是我不够好吗？（匿名，摘自“树洞”环节中的留言）
>
> 你一定很好，是别人被一些乱七八糟的事物遮蔽，没看到啦！（匿名，摘自“树洞”环节中的留言）

4. 第四板块：活动纪念品发放

在服务结束后，社会工作者为服务对象印刷包含拍摄作品的明信片、日历与纪念胶卷。将这些影像在实体物品中定格，旨在让服务对象能不时回忆起此次活动，持续为其提供创作、情绪管理与提升人生意义感的激励。

四 抑郁症患者人生意义感的影像发声法介入成效分析

为进一步了解影像发声法对服务对象人生意义感干预的实践成效，本研究以量表的方式对服务成效进行了评估。评估选用中文版人生意义量表（C－

MLQ)，在服务开展前后分别对服务对象进行人生意义感测量，并对其前后测数据进行配对样本 Wilcoxon 检验，发现干预前后的统计结果存在显著性差异（见表4），说明社会工作者在线上使用影像发声法能够有效提升青年抑郁症患者的人生意义感，干预具有有效性和可行性。

表 4　干预前后抑郁症患者人生意义感总分对比

人生意义感（后测）－人生意义感（前测）	N	配对中位数 M（p_{25}，p_{75}）		标准化检验统计量	渐进显著值
		后测	前测		
	17	217.000（194.0，231.0）	196.000（180.0，211.0）	2.379	0.017

通过对人生意义体验与人生意义寻求因子分别进行配对样本 Wilcoxon 检验，发现干预前后服务对象的人生意义体验与人生意义寻求因子均存在显著差异，渐进显著值均为0.042（见表5、表6），说明在人生意义感的两个维度上，影像发声法均具有显著提升效果。

表 5　干预前后抑郁症患者人生意义体验因子得分对比

人生意义体验因子（后测）－人生意义体验因子（前测）	N	配对中位数 M（p_{25}，p_{75}）		标准化检验统计量	渐进显著值
		后测	前测		
	17	70.000（67.0，71.0）	56.000（52.0，61.0）	2.032	0.042

表 6　干预前后抑郁症患者人生意义寻求因子得分对比

人生意义寻求因子（后测）－人生意义寻求因子（前测）	N	配对中位数 M（p_{25}，p_{75}）		标准化检验统计量	渐进显著值
		后测	前测		
	17	82.000（82.0，85.0）	77.000（77.0，79.0）	2.032	0.042

具体而言，本次影像发声法运用于青少年抑郁症患者人生意义感的干预研究中具有如下优势。

1. 改善服务对象的心理情绪

首先，影像发声法帮助服务对象通过艺术创作宣泄自身的情绪，将难以用言语描述的情感具象化表达，有助于缓解积郁情感。其次，小组活动为抑郁症患者提供了艺术创作、展示自我、与他人沟通的平台，促进了患者表达能力与自我评价的提升，有益于患者形成积极的心理情绪。

2. 扩大服务对象的范围与广度

线上平台将小组干预范围扩展至全国各地，尤其在疫情防控常态化背景下，线上干预较线下在时间与空间上更为自由，服务对象可以选择自己有空、合适的时间段参与不同的单次小组工作（除固定影像发声小组外）。

3. 激发服务对象的交往潜能

约有半数的服务对象在活动结束后向社会工作者反馈，参与活动后更愿意向他人敞开心扉，即便来自不同地域、有着各异的文化背景，但仍交到了许多有着相似经历、能够相互倾诉的新朋友。

4. 帮助服务对象确立人生目标

对于生活的目标以及人生的意义相关问题，后测得分较前测均有显著提升。另外，参与者在分享主题照片及“生命意义”的小组中均有表达自身对人生意义的观点的期望。

五 “影像发声法 + 单次小组”线上服务模式探讨

由于疫情防控的需要和抑郁症患者的特殊情况，经过近两年的实务探索，本项目已经逐渐形成“影像发声法 + 单次小组”的社会工作线上服务模式（见图14）。它以小组工作互动理论为基础，强调小组成员之间、小组成员与小组之间、小组成员与社会工作者及环境之间互助、分享和依赖的关系，秉承平等性、开放性及“面对面”互动原则，促进组员通过小组活动及小组成员之间的互动激发潜在优势，增强参与社会生活的能力，最终提升人生意义感。

图14表明，在互动模式指引下，本实务研究以社群为媒介，以单次小组及其他互动主题活动为辅助方法，由3~4名社会工作者带领服务对象开展以影像发声小组为核心介入策略的线上工作坊，每期服务时长为一周。

影像发声法强调服务对象对所处场域的观察、对自身审美的觉察，有助于激发抑郁症患者对于美好事物的觉知。同时，影像的范围涉及图片、视频等多种形式，服务对象可以在固定时间上线参与小组活动分享拍摄内容，也可以在非上线时间继续进行影像记录，相对较少受到时空环境的限制，为线上小组活动的内容提供了更为便利的参考路径。

针对无法线下见面带来的问题——组员的信任感建立难度增大，本实

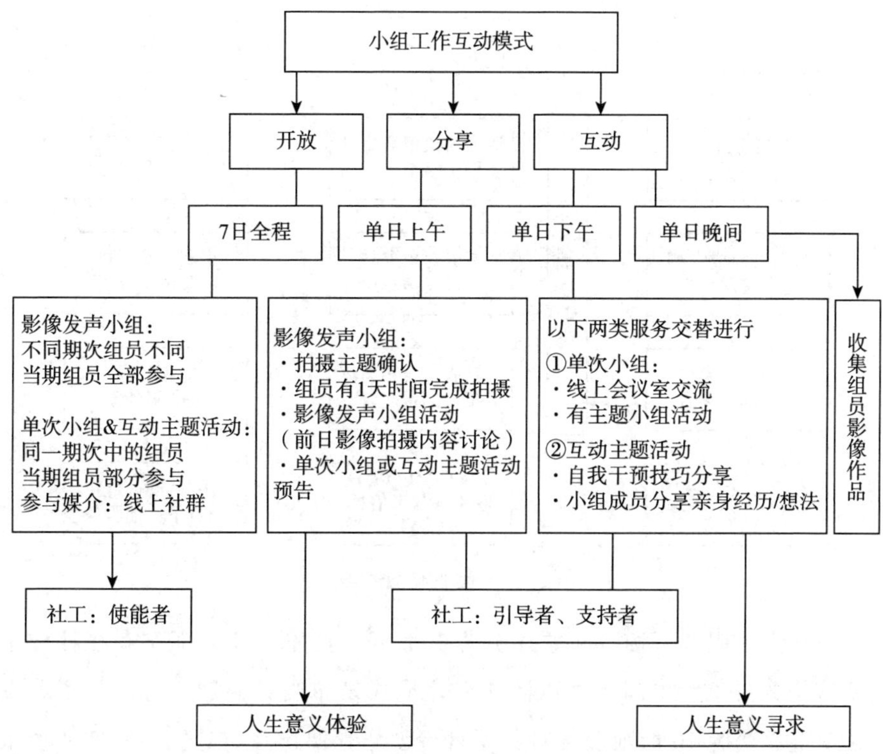

图 14　“影像发声法 + 单次小组”的社会工作线上服务模式

务研究设计的单次小组能充分展示其优势。除影像发声小组全员必须参与外，其他时间组员可自行选择参与单次小组及互动主题活动的数量与类别。充分尊重服务对象的时间选择，也能增强组员之间的联结感。这样一种变动的形式，亦能够帮助存在心境障碍的小组成员避免被迫谈及自己不想谈论的话题的情况。以下为“影像发声法 + 单次小组”的社会工作线上服务模式提供的详细服务内容和服务过程（见图 15）。

本实务研究已完成三期服务，所有服务均在线上开展。每期服务连续开展 7 日，每日包含 1 ~ 2 次单次小组活动。社会工作者在线服务时间为上午 8 时至晚上 10 时（因工作时长要求，每次活动需 3 ~ 4 名社会工作者共同完成）。7 日服务一般围绕“（1）自我探索—（2）与情绪相处—（3）发现优势—（4）友谊之路—（5）感恩与爱—（6）回归自然—（7）生命的意义”的主题路径展开，旨在引导服务对象实现由浅入深、由个体到社会的综合思考。

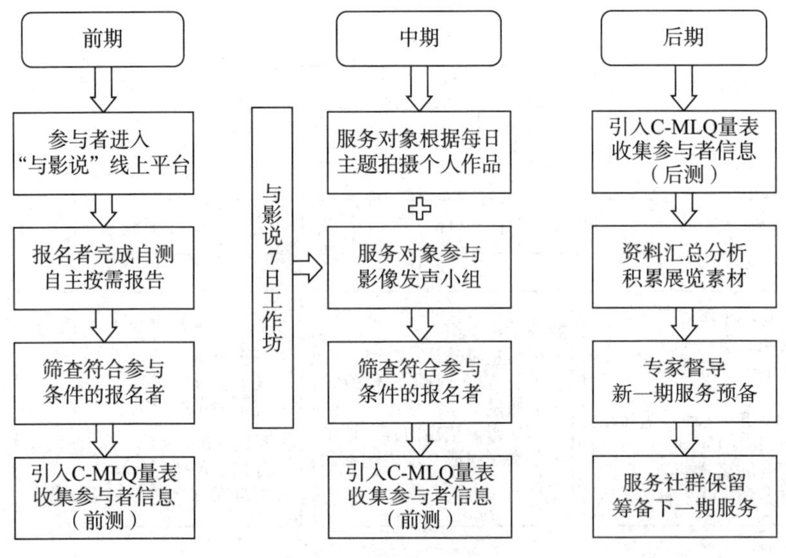

图15 单期服务流程

每日上午服务可按时间顺序分为三部分。首先，社会工作者在社群中向所有服务对象发出问候并以图文卡片形式发布当日摄影主题。从主题发布之时起至当晚10时前服务对象可自行创作影像作品。其次，每期活动于2~7日上午开展影像发声小组活动，即作品讨论环节，该环节在2小时内完成。在这一环节中，服务对象可在社群中发布自己前一日拍摄的影像作品并进行阐释，之后其他组员会针对该作品进行提问、解读与评价。随后，社会工作者预告下午单次小组或互动主题活动内容，并向服务对象征集参加意愿及开展时间。

下午单次小组及互动主题活动环节围绕7日服务主题依次展开，内容包括"用一种动物/色彩/物品介绍自己""我的社会支持网络"等。该环节期望基于对特定主题的分享，社会工作者能够引导服务对象之间增进对彼此的了解与情感联结，促进线上支持性社群的形成。此外，社会工作者亦发挥指导作用，在该环节引入适用于青少年抑郁症患者的自我干预技巧，开展具有专业性质的概念普及与体验式教学。其中包含"情绪管理清单""非理性信念梳理""正念训练"等内容，以求为服务对象提供专业性支持。

每日晚间，社会工作者会根据服务对象提交的当日影像作品及文字释义了解服务对象最近身心状态。如遇服务对象消极情绪强烈、需要支持时，社会工作者将在必要情况下提供额外帮助，发挥预防危机发生的作用。

上述运用影像发声法和单次小组相结合并在线上提供介入的服务模式，是对疫情防控需要及青少年服务对象需要的回应，希望它的探索对青少年抑郁症患者人生意义感的提升及社会工作线上服务的拓展有所裨益。

参考文献

程明明、樊富珉，2010，《生命意义心理学理论取向与测量》，《心理发展与教育》第4期。

樊凌、符文彬、许能贵、刘健华、欧爱华，2012，《疏肝调神针灸方案治疗抑郁症的随机对照研究》，《中华中医药杂志》第4期。

冯楚岚，2017，《乳腺癌患者术后心理抑郁问题的社会工作介入研究》，硕士学位论文，湘潭大学。

郝桐，2013，《个案工作对老年人抑郁情绪的介入问题研究——以童心苑老年公寓某老人为例》，硕士学位论文，华中科技大学。

金凤仙、赵建利，2013，《心理护理干预对改善精神分裂症患者抑郁症状的效果观察》，《广东医学》第20期。

李玖玲、陈星、赵春华、徐勇，2016，《中国儿童青少年抑郁症状流行率的Meta分析》，《中国儿童保健杂志》第3期。

梁楷利、胡蜀萍、李玉星、邹锟、黄晓琦、赵莉、石丹理，2021，《中小学生非自杀性自伤行为家庭环境因素分析》，《现代预防医学》第2期。

刘浪、何姗姗，2020，《影像发声法应用于帕金森病患者自我效能感的提升——以上海市D医院为例》，《社会建设》第2期。

曲映蓓、辛自强，2017，《影像发声法的设计思路及在心理学中的应用》，《心理技术与应用》第8期。

王经亚，2018，《社会支持网络理论下医务社工介入抑郁症患者康复的研究》，硕士学位论文，山西医科大学。

王孟成、戴晓阳，2008，《中文人生意义问卷（C-MLQ）在大学生中的适用性》，《中国临床心理学杂志》第5期。

吴赛，2019，《影像发声法促进老年人社区参与适用性分析——以LY“蝶变计划”项目为例》，硕士学位论文，哈尔滨工程大学。

熊能新，2018，《单次小组对急诊创伤患者照顾者负担的影响——基于上海市K医院的实践》，硕士学位论文，上海师范大学。

许丽霞、王秀芬、孙惠萍、曹志坤、周策，2011，《心理护理干预对抑郁症患者临床疗效的影响》，《护理实践与研究》第 1 期。

杨童珍，2019，《影像传声介入院舍孤残青年社交回避问题——基于院舍服务的个案研究》，硕士学位论文，华中科技大学。

张颖、陈宇霞、黄世敬，2014，《柴胡及柴胡类复方的抗抑郁研究现状》，《世界中西医结合杂志》第 9 期。

赵万林，2017，《社会工作干预社会政策的路径与方法——政策实践、社会重建与影像发声》，《社会政策研究》第 3 期。

中华医学会精神科分会，2001，《CCMD－3 中国精神障碍分类与诊断标准》（第三版），济南：山东科学技术出版社。

Kim, Kyung-O, Ryu, J. H., Chung, H. R. et al. 2021. "Understanding the Life, Pain, and Barriers to Physical Activity in Korean Patients with Panic Disorder: Photovoice Inquiry." *International Journal of Environmental Research and Public Health* 18 (15): 8140.

Steger, M. F., Frazier, P., Kaler, M., & Oishi, S. 2006. "The Meaning in Life Questionnaire: Assessing the Presence of and Search for Meaning in Life." *Journal of Counseling Psychology* 53 (1): 80－93.

van Heijningen, Vera G., Cardol, M., van Heijiningen-Tousain, H. J. M. et al. 2021. "Aging With Cerebral Palsy: A Photovoice Study into Citizenship." *Frontiers in Neurology* 12.

Wang, C. C., Burris, M. A., & Xiang, Y. P. 1996. "Chinese Village Women as Visual Anthropologists: A Participatory Approach to Reaching Policymakers." *Social Science and Medicine* 42 (10): 1391－1400.

Yalom, I. D. 1980. *Existential Psychotherapy*. New York: Basic Books.

【残疾人社会工作研究】

易地搬迁残疾人的社会支持网络建构路径研究

——以广西S县N安置社区为例*

崔　娟　李柏江**

摘　要　由于易地搬迁，残疾人原有的社会支持网络发生断裂，使其无法很好地获取个人发展所需的社会资源。基于此，本文运用社会支持理论搭建易地搬迁残疾人社会支持网络分析框架，以广西S县N社区为例展开研究。研究发现，易地搬迁残疾人面临微观支持层面的内生动力不足、中观支持层面的资源供给失调和宏观支持层面的文化情境缺失等现实困境。为此，通过转变自我意识、转换社会角色和提升发展能力来增强其内生动力；通过优化社区照料服务、整合社会慈善资源和培育助残组织来丰富其资源供给；通过塑造文化认同和培育公共意识来营造其文化情境。以此建构易地搬迁残疾人良性社会支持网络，从而解除发展困境，实现其自我价值和社会价值的统一。

* 本文系广西哲学社会科学规划研究课题“广西打造国内一流宜居康养胜地策略研究”（批准号：20FJY037）和“基于新发展理念推进广西乡村文化振兴的可持续机制研究”（批准号：21BKS015）的阶段性成果。

** 崔娟，广西科技大学人文艺术与设计学院副研究员，博士，硕士生导师，主要研究方向为民族社会工作、社会治理等；李柏江，广西科技大学人文艺术与设计学院硕士研究生，主要研究方向为残疾人社会工作等。

关键词 易地搬迁 社会支持 内生动力 资源供给 文化情境

一 引 言

易地搬迁是脱贫攻坚的“头号工程”和标志性工程，截至2020年12月，全国完成了1200万人的搬迁工作，其中包括960万农村建档立卡贫困人口（谢治菊，2021），有力地推动了乡村振兴战略的实施和区域性整体性贫困的解决。不过，易地搬迁中的一些弱势群体，如残疾人群体，在搬迁之后却出现了社会融入等方面的次生问题和现实困境。一方面，残疾人群体搬迁之后的生活水平和生活质量都得到显著的提升；另一方面，原本依托家庭、邻里、亲友构建的原生社会支持网络悄然“断裂”，赖以生存和发展的社会资本尚未建成，从而产生诸如心理健康失调（赵燕、王平，2021）、社区融入艰难（张晨、马彪、仇焕广，2022）、文化适应困难（罗银新、胡燕、滕星，2020）等问题。因此，为易地搬迁之后的残疾人群体建立新的社会支持网络成为贫困治理过程中尤为现实和紧要的工作。那么，易地搬迁之后的残疾人群体究竟遭遇了哪些困境？又应该如何构建有效的社会支持网络？本文将以此作为探究的核心问题。

对于构建残疾人社会支持网络的研究，有学者以治理主体为焦点，从政府、社会组织、社区、家庭、志愿者和个人六方面来加以讨论（邱观建、安治民，2014）；也有学者以治理维度为依据，从家庭危机干预、社区服务保障和社会组织管理体系三方面来展开研究（章程、董才生，2015）；此外，还有学者基于社会资本的观点，从内生动力、照护模式、福利供给、互助组织和志愿服务五方面探寻构建残疾人的社会支持网络的路径（张承蒙、周林刚、牛原，2020）。不过，从整体上说，这些提议和方案并未关照到易地搬迁之后的特殊情境，残疾人群体在新的空间场景和社会情状中的社会融入问题仍然是一个亟待研究的问题。

二 理论基础与分析框架

（一）社会支持网络的内涵

社会支持网络是在“关系网”“社会支持”等概念基础上发展而来的。阿尔弗雷德·拉德克利夫-布朗（Alfred R. Radcliffe-Brown）将社会结构认定为“社会关系网络”（徐琦，2000）。米切尔（Mitchell，1969）认为“社会关系网络”是“群体中个人之间特定的联系”。随着时代的发展，社会支持和社会支持网络的内涵得到了丰富，其理论基础也得到了实质性的发展。国外学者对社会支持的定义主要从以下三个视角进行。一是社会资源视角，Atchley（1985）认为社会支持是人们赖以满足其生理、心理和社会需求的社会关系以及支持网络中的资源交换。二是社会行为视角，Cullen（1994）认为社会支持是个体从社区、社会网络或亲朋好友那里获得的物质或精神帮助。三是社会互动视角，科尔曼（1999）认为个体通过参与社会互动建立社会关系网络，从而获得网络中的资源以满足自身发展需求。国内学者对社会支持的定义也有所不同。贺寨平（2001）认为社会支持是指个人能获取各种资源支持的社会网络。张友琴（2002）认为社会支持是指个人之外的各种支持的总称，通常分为正式支持与非正式支持。梁君林（2013）认为社会支持是指范围广泛的正式或非正式的社会融合机制，注重社会资源的分享。

综合以上观点，本文认为社会支持是指个体或群体通过社会关系网络中不同的互动形式获得自身生存和发展所需的资源，包括个人资源和社会资源。个人资源包含个人的认知和应对能力，强调个体获取资源的能力（内在支持）；社会资源是指社会网络的广度和网络所能提供社会资源的程度，强调社会资源的供给（外部支持）。在社会支持基础上引申出来的“社会支持网络”是指一组个人之间的接触，通过这些接触，个人得以维持社会身份并获得情绪支持、物质援助、服务、信息与新的社会接触（Lin，Dumin，& Woelfel，1986）。社会支持理论认为，一个人拥有的社会支持网络越强大，就越能更好地应对各种挑战。因此，为易地搬迁残疾人构建良性的社会支持网络，不仅要依靠个体内在支持，还要依靠外在的社会支持。

（二）易地搬迁残疾人社会支持网络分析框架

不少学者把社会支持放到社会生态系统中进行考察，例如，有学者运用布朗芬布伦纳（Bronfenbrenner）的生态系统理论，提出从微观系统、中观系统、宏观系统和“时间维度”上构建弱势群体的社会支持网络（田萍，2013）。也有的以扎斯特罗（Zastrow）的生态系统理论为依据，从微观系统的自我支持、中观系统的非正式政策支持和宏观系统的正式政策支持方面，构建空巢家庭养老社会支持网络（刘晓静，2013）。还有的从微观系统的照顾者本身、中观系统的照顾服务和宏观系统的文化价值取向等，构建失能老人家庭照顾者的社会支持网络（刘幼华等，2020）。借鉴相关研究成果，本文以扎斯特罗的生态系统理论为视角，把易地搬迁残疾人的社会支持网络放到社会生态系统中进行考察，从微观支持、中观支持和宏观支持三个层面加以分析，并以此建立社会支持网络分析框架（见图1）。微观支持层面主要分析残疾人在搬迁后获取发展的内生动力状况，强调个体对资源的获取能力；中观支持层面主要分析残疾人在搬迁社区获得社会资源供给的程度，强调网络资源的丰富性；宏观支持层面主要分析残疾人在搬迁后所面临的残疾文化情境问题，强调文化情境的支持力度。其中，个体内生动力状况主要从自我意识、社会角色和发展能力进行分析；社会资源供给程

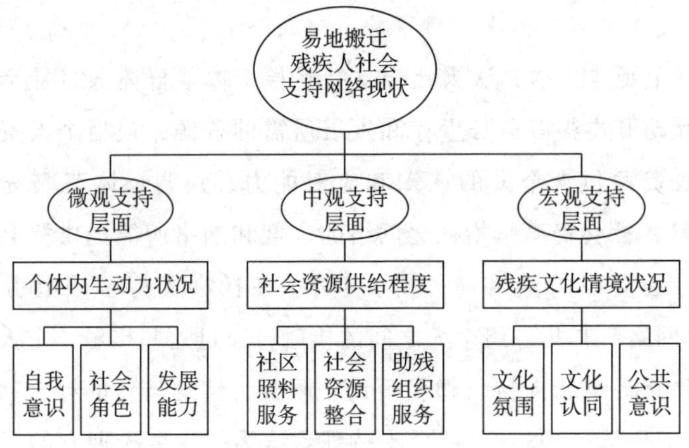

图1 易地搬迁残疾人社会支持网络分析框架

度主要从社区照料服务、社会资源整合和助残组织服务进行分析；残疾文化情境状况主要从文化氛围、文化认同和公共意识进行分析。通过分析这三个层面的社会支持网络状况及困境，提出易地搬迁残疾人建构良性的社会支持网络的路径。

三 研究方法与案例概况

本次调研选取广西 S 县 N 安置社区作为研究场景，S 县位于广西北部，是湘、桂、黔三省交界地，辖 15 个乡镇（其中 3 个民族乡），这里聚居着侗、瑶、苗、壮、汉等多个民族，总人口为 41.8 万人。① S 县民俗文化多样，尤其侗族文化深厚。S 县生态环境脆弱、石漠化荒漠化严重，国家扶贫力度很大但仍无法彻底解决贫困问题。于是，在易地搬迁背景下，S 县积极推动易地搬迁工作。N 安置社区作为广西第三大、S 县最大的易地搬迁集中安置点，截至 2021 年 11 月底，安置着来自全县 15 个乡镇的 4606 户 20162 人，少数民族人口达到了 94.5%，其中就有不同残疾类型的残疾人。

研究者以社会工作者的身份于 2021 年 5 月初开始参与 S 县的“三区计划”，在 S 县 N 安置社区内开展了为期 3 个月的社会工作服务。其间以易地搬迁残疾人为研究对象，通过参与式观察和非结构式访谈法收集资料，分析其在易地搬迁后社会支持网络面临的困境和产生的原因。在此过程中，研究者从易地搬迁残疾人的社会生态系统中选取了 9 名访谈对象（见表 1）。

表 1 访谈对象概况

编号	性别	年龄（岁）	人员类别	搬迁至安置社区时限（个月）
C1	男	41	易地搬迁残疾人	6
C2	女	36	社区工作人员	—
C3	女	48	易地搬迁残疾人	9
C4	女	34	残疾人家属	7

① 数据来源于广西 S 县人民政府。

续表

编号	性别	年龄（岁）	人员类别	搬迁至安置社区时限（个月）
C5	男	45	社会组织负责人	—
C6	男	42	民政局工作人员	—
C7	女	53	易地搬迁残疾人	14
C8	男	56	易地搬迁残疾人	8
C9	男	47	社区工作人员	—

四　易地搬迁残疾人的社会支持网络困境

易地搬迁残疾人搬离熟悉的乡土社会，迁移到新的城市社区，实现了从乡土社会到城市社会的巨大转变。然而，这种转变也使他们原有的社会支持网络发生了断裂并导致一系列问题的滋生，进一步限制了他们的生理、心理和社会参与的发展。结合前文提到的社会支持网络分析框架，本文从微观支持的内生动力、中观支持的资源供给和宏观支持的文化情境三个层面分析残疾人的社会支持网络困境。

（一）微观支持层面：易地搬迁残疾人的内生动力不足

社会支持网络的断裂，在一定程度上反映出易地搬迁残疾人的内生动力不足。内生动力不足，致使残疾人在搬迁后资源获取能力有限，无法很好地获取个人发展所需的社会资源，进一步加剧了社会支持网络的断裂程度，制约着残疾人在新社区新的社会支持网络的有效实现。残疾人在建构社会支持网络中应发挥主体性作用，但在易地搬迁后面临内生动力不足的问题，这突出表现在其自我意识转变困境、社会角色转换困境、发展能力提升困境三方面。

1. 易地搬迁残疾人自我意识转变困境

面对新的生活空间和新事物，易地搬迁残疾人容易产生不适应感，导致其存在自我意识转变困境，不利于实现社区融入。一是主体意识转变困境，易地搬迁残疾人还存在过往农村生活的惯习，自我意识没有从村民意识转变为市民意识，其思维仍停留在以往农村思维；二是发展意识转变困境，由于享受到了国家易地搬迁政策带来的好处，部分易地搬迁残疾人便以此为由依赖政府救助，存在“等靠要”的依赖思想，自我发展的内生动力不足。

> 我搬来这里（N安置社区）已经半年了，家里就我一个人，因为腿脚不利索，所以我很少出去，也不想出去，会遭人嫌弃。这里的房子高高的，出入不方便，不像我以前农村的平房，不太习惯这里。还好有国家的扶贫政策，让我目前的经济状况好了一些，如果残疾人补贴再高一些就好了。（C1，2021年5月13日）

正如史亚峰、张嘉凌（2021）认为，搬迁群众从熟人社会进入半熟人社会甚至陌生人社会，彼此间尚未完全融合，信任关系尚未建立起来，无法形成对新社区的认同感和归属感，导致社区融入艰难。易地搬迁残疾人如何在新社区内激发自我发展的内生动力以寻找社会支持进而增强归属感是比较棘手的问题。

2. 易地搬迁残疾人社会角色转换困境

社会角色转换的成功与否是衡量易地搬迁成功与否的重要标准之一。所谓社会角色，是与人们的社会地位和身份相一致的一整套规范与行为模式（郑杭生，2003）。在搬迁过程中，处于弱势地位的残疾人，往往会存在社会角色转换困境。社会角色未有效转换，仍以村民角色参与劳作，导致一些搬迁群众包括残疾人出于生产生活的需要而返回农村劳作和居住，于是出现了“回流”现象。

> 这个社区是易地搬迁的集中安置社区，残疾人很多。由于可用的土地较少，大多数人没有多余的土地，所以有些群众包括残疾人会回到农村去从事种菜或养鸡养鸭等农活。有的残疾人认为，他们是残疾人，理应得到政府的帮助，所以一味依赖政府救济。（C2，2021年5月21日）

在安置社区，残疾人彼此之间缺乏交流和沟通，无法有效参与社会互动，导致他们进一步被“边缘化”，社会支持进一步弱化。在传统社会认知里，残疾人被认为是资源的“消耗者”，他们几乎不参与生产，却消耗着社会资源。同时，部分易地搬迁残疾人存在弱者心理，他们认为自己属于社会弱者，理应得到社会和政府的救助，从而存在依赖心理和行为，导致其自我发展的内生动力不足，进一步削弱了其获取社会资源的能力。

3. 易地搬迁残疾人发展能力提升困境

易地搬迁残疾人通过社会支持网络来获取社会资源，以满足其自身生存和发展的需要。但发展能力的欠缺，使得残疾人难以获取新的社会支持。残疾人在家庭收入、社会参与、受教育水平等方面均低于整个社会的平均水平（陈功、吕庆喆、陈新民，2014）。因此，作为社会弱势群体的易地搬迁残疾人，由于缺乏知识与技能的获取渠道，其发展能力遭到限制，并制约着他们参与深入的社会互动和广泛的社会分工。

> 我这个腿在念小学的时候摔断过，所以就变成这样子了，自那以后就辍学在家了。我从小读书少，没什么文化，也没什么技能，很难找到合适的工作，只能依靠政府救助了。搬来这里，也有人主动和我说话，我不敢主动和其他人唠嗑。（C3，2021年6月10日）

在安置社区，易地搬迁残疾人的社会交往能力有限，缺少社会参与，使得早已断裂的社会支持网络更加难以在短期内重新建立起来。多重困境加上复杂多元的文化碰撞，使其对自身价值缺乏足够的认识，从而消极地参与社会互动，进一步阻碍了其获取社会资本的能力，限制了其获取社会支持的途径，不利于新的社会支持网络的建构。

（二）中观支持层面：易地搬迁残疾人的资源供给失调

易地搬迁残疾人既有的社会支持系统中，除了个体内生动力不足之外，还存在个体需求与资源供给的结构性失调，具体表现在社区照料服务不足、社会资源整合有限、助残社会组织服务乏力等方面。

1. 社区照料服务不足

S县N安置社区的易地搬迁残疾人，其家庭类型多样，有核心家庭、主干家庭、独居家庭、失独家庭等，虽然部分易地搬迁残疾人能在家庭中得到家人的照料，但仍然无法得到有效的照料。大多数家庭的残疾人照料负担较重，既无法有效满足残疾人的家庭照料需求，又给残疾人的家庭造成了一定的心理压力。

> 我阿爸是下肢瘫痪的中重度残疾人，在床上躺着，已经有七八年了。还有两个孩子上小学。平时我们俩（夫妻）要照顾阿爸，还要抚养孩子，负担很重，觉得心好累。因为我们不是很懂得护理，所以想送去社区残疾人服务中心，但这里是新搬迁的社区，残疾人较多，床位有限，很多中重度残疾人只能在家里进行照顾。（C4，2021年6月12日）

由此可见，易地搬迁残疾人的家庭照料有限。而在安置社区内，缺乏有效的社区照料服务，社区残疾人服务中心和托养照料机构不足，虽然在N安置社区易地搬迁的残障儿童得到了政府或有关部门的关注并安排了特殊学校给予一定的照料服务，但仍有一些残疾人无法享受社区照料服务。

2. 社会资源整合有限

为推进易地搬迁政策，国家投入了大量资金用于建设集中安置社区。在N安置社区，政府建设了小学、幼儿园，以及一些小型超市等公共基础设施，在一定程度上满足了易地搬迁群众的基本生活需求。但对于处于社会弱势地位的易地搬迁残疾人，对应的基础设施相对较少，如残疾人休闲娱乐中心、残疾人康养服务中心、残疾人就业服务中心等，显然不足以满足残疾人的基本需求。

> 我们在评估时发现一家旨在为残疾人提供轮椅等器材租赁服务的社会组织，在一年内并未开展过任何服务，所有器材皆被闲置。另外，我们也发现一些社会组织开展的服务存在重复，比如，同一个残疾人或群体，这家机构开展健康检查服务，过一段时间，另一家机构也开展同样的服务。（C5，2021年7月23日）

虽然国家通过动员的方式鼓励和引导社会力量参与易地搬迁后续扶持工作，但社会资源整合有限，导致社会资源在易地搬迁残疾人中存在重复使用或闲置不用等资源浪费现象，突出表现在资源供需不平衡、资源分配渠道不畅通、资源利用效率较低等，导致部分易地搬迁残疾人缺乏社会资源，不利于其获取社会支持。

3. 助残社会组织服务乏力

助残社会组织包括官方的残联和非官方的助残社会组织，两者构成了较为完备的残联系统。但S县在助残服务方面出现较为乏力的状况。一是官方社会组织服务乏力。当地残联组织的工作是从管理层面进行统筹安排，缺少深入残疾人群体中开展具体帮扶服务。二是非官方社会组织服务乏力。由于当地助残社会组织缺乏稳定的经费来源，其助残服务几乎空白，总体工作成效甚微。

> 我们县残联人手短缺，平时下发较多政策文件指导助残组织工作，走访基层比较少。而助残类社会组织，由于缺乏资金，许久未正常开展活动，成为“僵尸型”社会组织，现在我们县已没有助残类社会组织。据了解，目前全市只有几家助残类社会组织。助残类社会组织的缺乏，导致我们开展易地搬迁残疾人服务匮乏。（C6，2021年7月26日）

由此可见，助残社会组织在运行过程中面临管理效用低下、资金短缺、专业性不足等现实困境，导致助残社会组织缺乏持续发展能力而变成“僵尸型”社会组织，最终遭到民政部门的撤销登记处理，极大限制了助残社会组织社会功能的发挥，无法满足易地搬迁残疾人需求。因此，培育助残社会组织，加大助残社会组织对残疾人的社会支持力度很有必要（庞文、张蜀缘，2018）。

（三）宏观支持层面：易地搬迁残疾人的文化情境缺失

良好的文化情境（cultural context）是建构良性社会支持网络的“土壤”，要在广泛的宏观的文化情境中认识易地搬迁残疾人的社会支持，只有构造良好的文化情境，才能更好地为易地搬迁残疾人提供良性的宏观社会支持。但在易地搬迁安置社区中文化情境缺失，不利于易地搬迁残疾人获取生存和发展的社会资源以实现自身价值。文化情境缺失，主要表现在文化震惊与公共意识等方面。

1. 易地搬迁安置社区存在文化震惊

自身固有文化与当地文化之间形成了多元文化碰撞，往往会产生文化震惊[①]（张海清、杨明宏，2010）。在这一过程中，易地搬迁残疾人往往会产生文化震惊。

> 我们之前住在S县的边远山村，比较偏僻，我的腿脚又不好，平时几乎很少到县里来。刚搬来这个安置社区的时候，我们觉得很惊讶，从没见过这么多样的文化，这里的建筑文化、芦笙文化、服饰文化都好受欢迎，相比我们的，感觉拿不出手。（C8，2021年7月28日）

易地搬迁残疾人从农村贫困地区搬迁至县城安置社区，在进入S县N安置社区之后，初次接触到当地的主流文化，在心理上难免会产生文化震惊，从而与当地主流文化产生差距，不利于易地搬迁残疾人在新社区的发展。因此，亟须减轻或消除这种文化震惊所带来的消极后果。

2. 易地搬迁安置社区缺失公共意识

安置社区因搬迁群众来源分散而具有原子化、共同体意识缺失等社区属性（王蒙，2020）。面对共同体意识缺失的问题，易地搬迁安置社区亟须加强文化塑造以凝聚公共意识。但在N安置社区中，由于缺乏文化塑造，无法在社区内形成公共意识。其中一个重要原因是在建设安置社区过程中注重社区的整体建造而忽略了社区内文化的塑造和公共意识的培育。

> 集中安置社区都是搬迁户，有小部分是拆迁而来的，大部分是边远山区的贫困户通过易地搬迁而来，他们搬迁到这里后，还要通过抽签的方式安排楼房，各个村搬来的大部分群众被分散开，在这个社区

---

① 文化震惊是指生活在某一文化中的人，初次接触到另一种文化模式时所产生的思想上的混乱与心理上的震撼。

里的搬迁群众大部分是陌生人，民俗文化多样，彼此缺乏认同。（C9，2021年7月28日）

研究发现，易地搬迁安置社区的治理存在公共空间缺失和共同体意识缺失的风险（刘升，2020）。共同体意识的缺失，影响易地搬迁残疾人的社区归属感和社区融入。对此，有学者建议通过培育搬迁群众共同体意识来增强归属感和向心力，从而实现易地搬迁群众的社会融入（董运来、王艳华，2021）。因此，亟须加强安置社区的文化塑造和公共意识培育，营造良好的文化情境，促进社会支持网络的建立。

综上所述，残疾人在易地搬迁后发生社会支持网络的断裂并导致一系列问题的滋生，其背后的根源在于易地搬迁残疾人的社会支持网络存在微观支持层面的内生动力不足、中观支持层面的资源供给失调、宏观支持层面的文化情境缺失等现实困境，不利于易地搬迁残疾人自身价值的实现。因此，亟须为易地搬迁残疾人构建良性的社会支持网络。

五 易地搬迁残疾人社会支持网络的建构路径

社会支持理论为建构易地搬迁残疾人社会支持网络提供了可行路径。基于扎斯特罗的生态系统理论，本文从微观支持系统（个体、家庭、邻里）的内生动力、中观支持系统（社区、社会、组织）的资源供给和宏观支持系统（制度、政策）的文化情境三个层面进行社会支持网络的建构。通过三个支持系统的充分赋能，建构易地搬迁残疾人良性社会支持网络（见图2）。

（一）微观支持系统：增强易地搬迁残疾人的内生动力

增强易地搬迁残疾人的内生动力需要从个体层面转变自我意识、家庭层面转换社会角色、邻里层面提升发展能力三方面着手。

1. 个体层面：发挥教育功能，转变自我意识

自我意识影响自我行为，正确的自我意识有利于产生积极的自我行为。研究表明，教育是转变农村残疾人思想观念、提升农村残疾人自立能力、降低农村残疾人代际贫困传递和返贫可能性的重要途径（马俊丽、何爱霞，

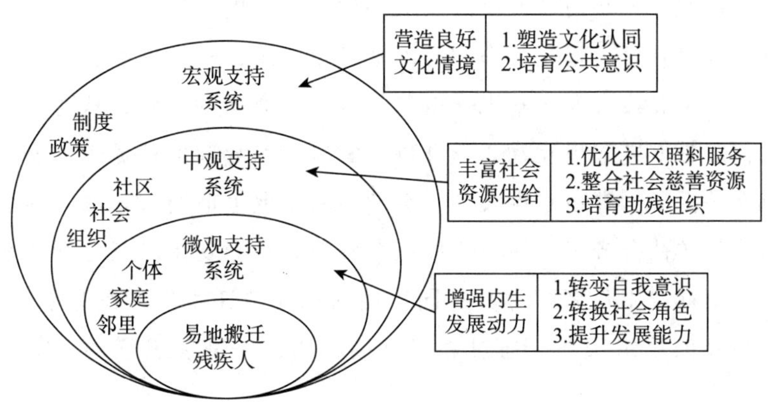

图2　易地搬迁残疾人社会支持网络建构模型

2021)，也是农民向市民转化的有效途径。因此，转变自我意识，需要发挥教育的功能。一是通过继续教育，向易地搬迁残疾人传授知识，让其认识到自我价值和社会意义，从而改变消极心理和悲观情绪等，实现自我意识的转变，促进积极行为的形成，实现市民化。二是通过个体赋能，向易地搬迁残疾人增权，增权的核心是提升能力、激发潜能，这也是残疾人教育的最高目标（庞文、于婷婷，2011)。

2. 家庭层面：突出价值意涵，转换社会角色

树立正确的社会角色，有利于摆正自己的位置。随着人民群众受教育水平普遍提高、社会文明程度也在提高，残疾人群体逐步为社会所接纳和认可，社会公众逐渐认识到残疾人的价值以及助残行动的重要意涵。因此，易地搬迁残疾人亟须完成社会角色转变，而家庭支持在促进残疾人社会角色转变中发挥着重要作用。一是加强家庭教育。易地搬迁残疾人家庭通过家庭教育突出残疾人的价值意涵，观照个体生命价值（胡世文，2021)，确立主体身份价值，实现从农民向市民的转化（谢琴，2016)。二是营造家庭文化价值。在家庭内部，鼓励残疾人自尊自信，向社会倡导“去残疾化”，实现平等、尊重的文化价值。三是推动结构性变革。家庭要引导残疾人转变为“资源生产者”的社会角色，实现社会资源结构的根本性变革。

3. 邻里层面：增进社会互动，提升发展能力

易地搬迁残疾人通过社会支持网络来获取社会资源以满足自我生存和发展的需要，其中最为关键的是残疾人自身的发展能力。能力与知识和技能有关，因此，需要畅通残疾人获取知识和技能的渠道。一是加强邻里教育。通过邻里教育、就业培训和心理辅导等方式，向易地搬迁残疾人进行知识普及，提高残疾人在知识获取和技能学习方面的成效，从而提高其发展能力。二是增进邻里互动。举办以残健融合为导向的残健定向赛、残疾人运动会等活动，增强残疾人的社会参与感，促进他们参与深入的社会互动以及广泛的社会分工，从中获取社会资源和社会支持。三是开展邻里互助小组。由社会工作者招募具有同质性的易地搬迁残疾人作为小组成员，开展邻里互助小组服务，通过邻里互助小组，增进邻里互动，实现能力发展。

（二）中观支持系统：丰富易地搬迁残疾人的资源供给

易地搬迁残疾人除了面临个体内生动力不足之外，还存在个体需求与资源供给的结构性失调问题，对此，需要从社区层面优化社区照料服务、社会层面整合社会慈善资源、组织层面培育助残组织等方面着手丰富社会资源供给。

1. 社区层面：优化社区照料服务，提供多元化托养照护模式

根据《国务院关于印发“十四五”残疾人保障和发展规划的通知》（国发〔2021〕10号）要求，完善残疾人的社会保障制度，需要“加快发展残疾人托养和照护服务”。因此，安置社区作为残疾人社区照顾的基本单元，需要优化社区照料服务。一是发挥社区党组织的作用。在社区党建引领下，引导党员发挥先锋模范作用，在向易地搬迁残疾人宣传党和国家惠民政策的同时，主动为其提供力所能及的服务。二是提供多元化托养照护模式。社区可为符合条件的易地搬迁残疾人提供居家服务、日间照料、邻里互助等多元化托养照护模式，以满足易地搬迁残疾人多元化的照顾需求。三是引入社会工作服务。社区要充分利用乡镇（街道）社工站，为残疾人家庭提供优质的社会工作服务，以缓解其家庭心理压力和情绪困扰。同时，引导其他居民尤其是邻里加强对易地搬迁残疾人的互助与支持，在内部形成邻里互助的支持小组。

2. 社会层面：整合社会慈善资源，满足多样性资源供给需求

社会慈善资源对于满足易地搬迁残疾人身体康复、心理疏导和社会参与等方面的需求具有重要作用，但社会慈善资源的缺乏阻碍了残疾人对资源的获取。因此，整合助残类社会慈善资源、丰富资源供给对满足残疾人生存和发展需求具有重要意义。整合社会慈善资源，满足多样性资源供给需求，需要做到以下三点。一是实现资源供需平衡。整合社会慈善资源需要坚持以残疾人为中心，精准对接其需求，实现供需平衡，以防资源重叠或闲置而造成浪费。二是推动资源供给渠道畅通与多元化。整合社会慈善资源需要细化残疾人公共服务项目的配套设施建设和功能布局等软硬件标准，确保社会慈善资源供给渠道畅通，并推动社会慈善资源供给渠道的多元化（曲国丽、杨怀印，2013）。三是促进资源优化与合理配置。在场地、人才等方面加强资源共享，确保社会慈善资源的合理利用与优化配置，实现残疾人公共服务均等化。

3. 组织层面：培育助残组织，发挥多元性支持服务功能

助残组织包括官方残联系统和非官方的其他助残组织。残联系统作为官方助残组织，在残疾人事业发展方面发挥着不可或缺的统筹指导作用，但仍存在服务输送不可达和力量有限等问题，亟须大力培育其他助残组织，发挥多元性助残组织功能。一是培育助残类经济组织。以经济组织的发展带动易地搬迁残疾人的就业创业，满足残疾人生存和发展的需要。二是培育助残类社会组织。培育公益性质的助残类社会组织，为易地搬迁残疾人提供公益性支持。三是培育社会工作服务机构。发挥社会工作在输送社会福利、传递社会服务资源等方面的专业优势，解决社会福利输送缺乏人性化服务（姚进忠、李建川，2018）、服务不可达等问题。四是建立家庭类支持网络。建立以家庭为主的残疾人家庭支持网络，倡导家庭间的相互支持。

（三）宏观支持系统：营造易地搬迁残疾人的文化情境

面对不同的文化情境，人们能够展演符合特定文化期待的外表与感受（王亮，2022）。因此，在安置社区内外营造一种亲切祥和、包容接纳的文化情境，对于促进易地搬迁残疾人获取文化支持具有重要意义。营造易地搬迁残疾人的文化情境，主要从制度层面塑造文化认同和政策层面培育公共意识两方面着手。

1. 制度层面：塑造文化认同

文化认同是凝聚共同体的精神纽带，对消解文化震惊现象具有重要作用。因此，亟须从宏观制度层面塑造文化认同，以克服文化震惊。塑造文化认同，主要从两方面进行。一是加强制度建设。通过建立健全残疾人生存和发展所需的各项经济、文化等制度，为易地搬迁残疾人的日常生活、文化交流和物质生产等行为提供制度保障，为塑造文化认同奠定制度基础。二是发掘文化潜力。制度与文化互为依存、相融共进。通过发掘文化潜力，推动优秀传统文化的弘扬与发展，用文化滋养助推制度建设，以制度塑造文化认同。因此，通过加强制度建设和发掘文化潜力，以优秀传统文化引领安置社区中的多元民族文化，不断增强各民族群众的文化自豪感（刘吉昌，2020），从而塑造文化认同，进而在社会上营造一种全社会理解、尊重和接纳易地搬迁残疾人的良好文化情境。

2. 政策层面：培育公共意识，建立社区共同体

公共意识是人们对社会公共领域认识和行为的自觉性，是实现社区公共领域利益最大化的基础，对构建公序良俗的和谐社会和个体的全面发展有着极其重要的意义（刘慧，2015）。培育易地搬迁残疾人的公共意识，有助于增进这一群体的价值认同和文化认同，有助于在安置社区中形成良好的道德风尚，从而促进易地搬迁群众更加团结，最终促成社区共同体的建立。因此，在易地搬迁安置社区中应培育公共意识，铸牢中华民族共同体意识，推动建立社区共同体，为易地搬迁残疾人创建良好的文化情境，促进易地搬迁残疾人更好地融入社会。

六　结论与讨论

贫困山区人口通过易地搬迁工程迁移到城市集中安置社区，实现了生存空间和公共服务的跨越式发展。但研究发现，由于从乡土社会到城市社会的巨大转变，搬迁群众尤其是残疾人原先基于血缘、地缘关系建立起来的社会关系网络发生了分离，致使其原有的社会支持网络发生了断裂。同时，易地搬迁残疾人还面临微观支持层面的内生动力不足、中观支持层面的资源供给失调和宏观支持层面的文化情境缺失等现实困境，致使残疾人在易地搬迁后资源获取能力有限，无法很好地获取个人发展所需的社会资源，其社会劣势不断累加，进一步制约着残疾人在安置社区的发展。

本研究基于社会支持理论视角，由内而外提出微观支持、中观支持和宏观支持三位一体的分析框架。该框架从个体内生动力到社会资源供给再到文化情境，体现了易地搬迁残疾人社会支持网络的三个层面。一是微观支持层面，通过发挥教育功能转变自我意识、突出价值意涵转换社会角色、增进社会互动提升发展能力，以提升个体内生动力；二是中观支持层面，通过优化社区照料服务提供多元化托养照护模式、整合社会慈善资源满足多样性资源供给需求、培育助残组织发挥多元性支持服务功能，以丰富社会资源供给；三是宏观支持层面，通过塑造文化认同、培育公共意识，以营造良好的文化情境。只有由内而外，提升内生动力、丰富资源供给、优化文化情境，才能为易地搬迁残疾人建构一个良性的社会支持网络。

实质上，微观层面的个体内生动力，是易地搬迁残疾人获取社会资源的重要内在力量和源泉；中观层面的社会资源供给，是检验社会资源是否有效流向易地搬迁残疾人领域并契合其需求的一个重要指标；宏观层面的文化情境，是一个文化适应问题。正如方静文所指出的，易地搬迁群众面临文化适应问题，只有充分发挥搬迁群众的主观能动性才有可能尽快实现文化适应（方静文，2019）。因而，作为社会支持网络的主体，易地搬迁残疾人需要对自己有清醒的认识，只有不断增强自我发展的内生动力，提高资源获取能力，才能在社会资源分配和供给以及良好的文化情境中很好地获取个人发展所需的社会资源，才能在良性的社会支持网络中实现自我价值与社会价值的统一。

参考文献

陈功、吕庆喆、陈新民，2014，《2013 年度中国残疾人状况及小康进程分析》，《残疾人研究》第 2 期。

董运来、王艳华，2021，《易地搬迁后续社区治理与社会融入》，《宏观经济管理》第 9 期。

方静文，2019，《时空穿行——易地搬迁中的文化适应》，《贵州民族研究》第 10 期。

贺寨平，2001，《国外社会支持网研究综述》，《国外社会科学》第 1 期。

胡世文，2021，《后脱贫时代农民美好生活的价值意涵、实践进路与现实保障》，《领导科学》第10期。

梁君林，2013，《基于社会支持理论的社会保障再认识》，《苏州大学学报》（哲学社会科学版）第1期。

廖蔚，2005，《当前我国水库移民的文化冲突与保护研究》，《农村经济》第2期。

刘慧，2015，《少数民族公共意识培育刍论》，《贵州民族研究》第9期。

刘吉昌，2020，《构建易地搬迁少数民族群众社会融入的新路径》，《贵州民族报》1月9日，第A3版。

刘升，2020，《城镇集中安置型易地搬迁社区的社会稳定风险分析》，《华中农业大学学报》（社会科学版）第6期。

刘晓静，2013，《我国空巢家庭养老问题研究——基于社会生态系统理论》，《人民论坛》第14期。

刘幼华、郭红、刘建源、弓少华、易晓平，2020，《我国失能老年人家庭照顾者的社会生态系统研究进展》，《护理研究》第10期。

罗银新、胡燕、滕星，2020，《从鸿沟到共生：易地搬迁人员文化适应的特征及教育策略》，《当代教育与文化》第5期。

马俊丽、何爱霞，2021，《可行能力视角下继续教育阻断农村残疾人贫困代际传递的作用机理与推进方略》，《中国职业技术教育》第9期。

庞文、于婷婷，2011，《论残疾人的教育增权》，《中国特殊教育》第7期。

庞文、张蜀缘，2018，《中国残疾人社会保障制度的演进：1978—2017》，《残疾人研究》第2期。

邱观建、安治民，2014，《我国残疾人社会支持网络的运作逻辑与建构》，《武汉理工大学学报》（社会科学版）第4期。

曲国丽、杨怀印，2013，《扩大慈善资源有效供给的对策思考》，《经济纵横》第8期。

史亚峰、张嘉凌，2021，《后搬迁时代易地搬迁新村的治理困境与优化路径研究》，《山西农经》第22期。

苏晖阳，2022，《残疾人发展权保障的理论体系与制度实践》，《人口与发展》第1期。

田萍，2013，《社会生态维度下弱势群体社会支持网络系统建构》，《求索》第10期。

王亮，2022，《情感劳动研究的文化转向》，《浙江学刊》第4期。

王蒙，2020，《公共性生产：社会治理视域下易地搬迁的后续发展机制》，《中国农业大学学报》（社会科学版）第3期。

谢琴，2016，《新城镇化进程中“农民”向“市民”转化的有效途径：社区教育——南昌市农民工社区教育的调研与思考》，《中国成人教育》第20期。

谢治菊，2021，《易地搬迁社区治理困境与对策建议》，《人民论坛》（学术前沿）第15期。

徐琦，2000，《“社会网”理论述评》，《社会》第8期。

姚进忠、李建川，2018，《需要导向：残疾人社会福利供给困境与整体性治理研究》，《华东理工大学学报》（社会科学版）第5期。

于存海，2004，《论西部生态贫困、生态移民与社区整合》，《内蒙古社会科学》（汉文版）第1期。

曾楠，2017，《文化情境变迁中政治认同的生成考察》，《北京理工大学学报》（社会科学版）第5期。

詹姆斯·S. 科尔曼，1999，《社会理论的基础》（上、下），邓方译，北京：社会科学文献出版社。

张晨、马彪、仇焕广，2022，《信息通信技术使用可以促进易地搬迁户的社会融入吗?》，《中国农村经济》第2期。

张承蒙、周林刚、牛原，2020，《内涵式增权与外生性赋能：社会资本视角下的残疾人社会支持网络构建》，《残疾人研究》第1期。

张海清、杨明宏，2010，《少数民族文化震惊与适应——边疆民族地区新教师入职过程中的文化适应问题分析》，《贵州民族研究》第5期。

张友琴，2002，《社会支持与社会支持网——弱势群体社会支持的工作模式初探》，《厦门大学学报》（哲学社会科学版）第3期。

章程、董才生，2015，《论残疾人社会支持网络之构建》，《学术交流》第4期。

赵燕、王平，2021，《易地搬迁儿童融合教育中的心理适应及其影响因素研究》，《中国特殊教育》第11期。

郑杭生，2003，《社会学概论新修》（第三版），北京：中国人民大学出版社。

Atchley. 1985. *Social Force and Aging*. California Wadsworth Publishing Company.

Cullen, F. T. 1994. “Social Support as an Organizing Concept for Criminology: Presidential Address to the Academy of Criminal Justice Sciences.” *Justice Quarterly* 11 (4): 527 – 559.

Lin, N., Dumin, M. Y., & Woelfel, M. 1986. “Measuring Community and Network Support.” *Social Support, Life Events, and Depression*. Academic Press.

Mitchell, J. C. 1969. “The Concept and Use of Social Networks.” *Social Networks in Urban Situations*. Manchester University Press.

听障父母健听子女早期养育方式及其影响研究

张雯雯　李佩欣*

摘　要　本研究基于依恋理论深描六位健听子女的成长故事，呈现健听子女早期养育、亲子互动状况及其对健听子女成长的影响。研究发现，第一，健听子女的早期养育方式可分为三种类型：亲自养育型、学龄回归型和祖辈代理型。第二，亲自养育型的健听子女与听障父母建立亲密的依恋与良好的亲子关系，学龄回归型形成若即若离矛盾冲突的亲子关系，祖辈代理型形成疏离的亲子关系。第三，听障父母早期亲力抚养健听子女有利于发展有效的亲子沟通方式，增进健听子女对父母残障认同；学龄期回归听障父母身边的儿童因错过依恋敏感期，与父母缺乏情感基础且沟通困难，进而产生孤独无助感；祖辈代理型的健听子女因祖辈抚养导致健听子女不了解听障群体的文化和行为模式，产生羞耻与回避等负面情绪。因此，早期亲自养育能够对健听子女成长起到积极的保护作用，应鼓励听障父母早期亲自教养健听子女，并提供社会工作服务支持听障家庭。

关键词　听障父母　健听子女　早期教养　亲子关系

---

* 张雯雯，上海大学社会学院博士研究生，研究方向为儿童社会工作、残障社会工作；李佩欣，德庆县人民政府办公室秘书股工作人员，研究方向为儿童社会工作。

一　文献综述与问题提出

听力障碍是全世界最普遍的感觉缺陷（Mathers et al.，2000）。90%听障者的父母是健听者，大多数（95%）听障者都与听障者结婚，这些夫妇所生的孩子几乎90%听力正常（Schein & Delk，1974）。也即当听力障碍的成年人生育听人后代时，一个以听力状况为特征的三代家庭结构就建立起来了：健听祖父母－听障父母－健听子女。美国的 Millie Brother 在1983年成立了服务于听障父母之健听子女的国际组织——“Children of Deaf Adults，CODA”。自此，CODA 一词被用于特指“听障家庭的健听子女”。

当健听子女出生时，听障父母通常会担心子女因为父母的听障而无法获得适当的抚育与教养（Mindel & Vernon，1987）。尽管在教养态度上，听障家庭和一般家庭一样，听障父母也会积极与其他听障父母交流教养子女的心得（宋晓真、邢敏华，2006）。但是听障家庭由于教养知识获取途径不足，容易在管教孩子上遇到困难（Lai，1996），导致缺乏良好的教养模式等（谢素分，2005）。已有研究发现听障家庭的健听子女大多是由听人祖辈隔代教养（邢敏华、顾玉山，2002），听障父母在有听人家庭长辈作为后盾的时候会依循长辈的经验，更加积极地参与亲职教育（高欣卉，2012）。听人祖辈对听障父母教养健听子女的协助与介入既是助力又是阻力。因为听障家庭的健听子女若由听人祖父母教养，可能会因不会手语而难以与父母沟通，进而产生亲子代沟甚至对父母产生排斥感（张宁生，2018）。

对此，本研究采用目的性抽样最终选取六位听障家庭的健听子女作为个案（见表1），基于依恋理论，采用无结构式访谈法深度描述听障家庭的健听子女的成长故事，从而探讨听障家庭的健听子女的早期养育、亲子关系状况。将研究问题聚焦在：健听子女的早期养育方式是怎样的？健听子女与听障父母的亲子互动和情感状况如何？早期养育方式对亲子关系及听障家庭的健听子女的成长存在哪些影响？

表1 访谈对象基本信息

姓名	性别	年龄（岁）	就读年级	共同生活者	听障家庭成员	何时与父母共同生活	早期主要照顾者
雨	女	19	大二	父母	父母	一直	父母
晴	女	12	初中预备班	父母	父母	一直	父母
飞	男	16	职业高级中学	父母	父母	5岁后	爷爷奶奶
妍	女	12	初中预备班	父母	父母	6岁后	爷爷奶奶
玲	女	16	已退学	外公、母亲、姨妈	母亲、姨妈	一直	外公
怡	女	16	九年级	父母	父母	12岁后	爷爷奶奶

注：初中预备班是上海实施的一种教学体系，相当于小学六年级。只是为了更好地促进小初衔接，上海把它编入初中教育体系中。

二　六位听障家庭的健听子女的成长故事

（一）雨的故事——我们都一样

雨是家中的独生女，今年19岁，就读大学二年级。父母均为听力一级障碍者，后天致聋，无口语能力，受教育程度均为高中。父母是同一家公司的普通职员，但母亲于两年前因身体状况辞职，并一直在家。雨目前与父母同住，在上小学前，雨由爷爷奶奶、爸爸妈妈共同抚养，主要抚养者是听障父母。进入小学后，雨与爸爸妈妈同住。雨与父母共同生活多年，雨自述和父母交流多了就掌握了手语。

1. 家庭支持：家庭成员的援助之手

雨的父母都是因为小时候发烧致聋的，因而两家只有他们俩是听障者。作为两个家庭听障者的独生女雨自然也获得了两家人更多的宠爱。爷爷奶奶以及家中其他亲戚为帮助雨的父母照顾雨花了不少心思。雨小时候很乖，自己会主动学习，父母也会每次都叮嘱她完成作业之后才能玩耍。家长会主要是父母出席，由于父母是听障者，与老师沟通有障碍，因而父母通过写字与老师沟通，母亲也经常和班主任微信聊天来了解雨的学习情况。当父母发现雨的学习成绩下降或者在学习上略微吃力的时候，雨的父母会和雨商量为雨报班补课。家里的亲戚对雨的成长也很关心。“我暑假的时候经常去我姑姑和阿姨家玩，有时候她们也会帮我辅导功课，她们知道我的爸爸妈妈没法辅导我”；“姑姑阿姨她们也会跟我说要尊重父母，不能因为父母是聋人就歧视他们，他们的聋不是他们造成的”（摘自雨的访谈记录）。雨高中时还在阿姨家里住过一段时间，因为阿姨家离学校更近一些，加上表妹就读初三，互相有个照应。

2. 亲子沟通与互动：熟练的手语

雨从小就和爷爷奶奶爸爸妈妈生活在一起。雨刚出生的时候，雨的爷爷奶奶协助雨的父母共同照顾雨。尽管雨的父母都是听障者，但是他们相信自己能把孩子照顾好。尽管在雨稍微长大些时，爸爸妈妈需要外出工作，但每天下班后仍由父母照顾雨，父母会跟雨进行亲子互动，周末或节假日带雨外出去玩。爷爷奶奶也自小教导雨要尊重爸爸妈妈，爸爸妈妈很爱雨。雨表示察觉自己的父母和别人的父母不一样时有过讶异，但由于长时间的接触和教导，这并不影响雨和父母的融洽关系。共同居住也为雨的手语学习提供了良好的语言学习环境。雨听父母提过小时候曾教她手语，但是对手语有更多的学习是经常看父母之间用手语沟通以及与父母使用手语交流。雨对于使用手语和父母沟通一直觉得非常自然，因为想要跟父母沟通，就得运用手语，她感觉这已经成为她生活中不可或缺的一部分。父母会主动关心雨的情绪，也会和孩子聊聊自己的事情，对于父母的事情，雨基本熟知，所以交流起来并不困难，雨和父母感情融洽，始终较为亲近。即使后来到了学校寄宿，和父母的交流也没有因为距离而隔断。当被问到“有遇到过和父母沟通困难的时候吗”时，雨说道：

> 与其说是困难，不如说是自己手语能力受限或者他们对信息的不理解。其实有些聋人文字理解能力不太好，而且手语和口语有些是不同的，例如，我们说“辅导”，在手语中是“导辅”。不过在一起生活这么久了，我明白他们表达的意思，沟通是没什么问题的。但是真的遇到比较复杂的事情，我没法完全用手语来告诉他们，所以我就用微信文字告诉他们，这样他们也能懂我的意思。有时候他们也无法给我什么意见，但是他们愿意“听”我说，陪伴着我，一如既往地鼓励我，我觉得这对我也是一种巨大的支持。（摘自雨的访谈记录）

父母曾带雨去过野生动物园、海洋馆、科技馆等地方游玩，既增进了亲子之间的感情，也开阔了雨的视野。当雨在学习上取得好成绩或者比赛获奖的时候，父母都会为雨感到骄傲自豪，并会满足雨的一个小愿望作为奖励。当雨做错事情的时候，例如说谎，母亲会直接告诉她说谎是不好的品质，要做诚实的孩子，并夸赞雨会是个诚实的孩子。母亲的鼓励雨一直铭记在心。

3. 残障认同：我们都一样

听障家庭和一般家庭有什么不同？在雨的观念里，父母与一般人是相同的，只是使用的语言不同，而家庭在雨的心中，也与他人无异。手语作为少数语言，难免容易引起别人的注意。当雨走在路上与父母打手语时，仍不时感受身旁飘来别人异样的眼光。雨能够接受别人好奇的眼神，若是遇到不礼貌的眼神，雨会感觉很讨厌。因为在雨的眼中，父母与其他人没有什么区别，只是使用的语言不同而已。随着年龄的增长，类似的事情增多，雨渐渐习惯了这种眼神，“现在没什么感觉，对我来说和父母使用手语很正常”（摘自雨的访谈记录）。个性开朗的雨能够坦然地介绍自己的家庭情况。如果是交情普通的朋友，雨不会主动提及，别人也不会刻意询问。“关系好的同学我会告诉她们我的家庭情况，关系没那么熟的也没必要知道。”（摘自雨的访谈记录）雨继续叙述道，“因为每个人的家庭不同，情况也会有所不同”（摘自雨的访谈记录），所以雨觉得“会说话的家庭也不一定好啊”（摘自雨的访谈记录），况且“家家有本难念的经吧，各个家庭都有自己的问题”（摘自雨的访谈记录）。她从未感到别人的家庭胜过自己的家庭。

遇到不懂的东西或困难时，她从来没有认为这是由父母是听障者造成的。在她的观念中，家庭并不是获取知识的唯一场所。此外，雨更认为有些知识自己的父母不懂，别人的父母也不一定懂得。但雨并不否认的是，自己的生活常识非常缺乏，对很多本身属于常识的东西充满疑惑。然而，她也会从身边的同学、朋友处吸收知识来充盈自我，当发现不懂时，雨会想到询问朋友，或借由手机上网等途径了解该事物。

4. 父母的翻译小助手

翻译是健听子女在照顾聋人父母时最重要的工作之一，95%的健听子女表示需要为听障父母进行翻译（宋晓真、邢敏华，2006）。无论健听子女手语能力如何，因其与父母一同生活，拥有与父母沟通的生活经验，加之受父母信任和依赖，自然地成为父母的翻译员。雨从七八岁开始就为父母翻译，“小时候翻译会遇到一点点困难，因为那时候手语懂得不多。但是基本上是帮助爸爸妈妈问路、在超市问价格、帮爸爸妈妈点菜等比较基础的事情，所以大部分能应付”（摘自雨的访谈记录）。刚开始为父母翻译的时候面对别人的眼光会有点尴尬，可能后来长大“懂事了”“不那么在意别人的看法”（摘自雨的访谈记录），让雨感觉自己为父母翻译也无可厚非，也是她应该承担的责任。雨的父母在雨小时候经常和其他聋人朋友一起聚餐、旅行，由于“去玩的时候我算是带出去的小孩里面年纪最大的”（摘自雨的访谈记录），雨经常作为听障父母和听人的沟通桥梁。也正是雨的父母经常带她出席听障群体聚餐，雨的手语能力提高了很多，也更加了解听障者和聋文化。“因为经常和他们在一起，自然就懂得多一些，我的手语能力自然提高了很多，我和爸爸妈妈还有他们的朋友可以聊的话题更多了，也聊得更深入了”（摘自雨的访谈记录），这为雨在日后不厌其烦为父母做翻译，在日常生活相处中更有包容心埋下了种子。

（二）晴的故事——父母的小棉袄

晴是家中独生女，今年 12 岁，就读于初中预备班。晴成长于听障家庭，父母是一级听力障碍者，都是普通公司的员工。父亲受教育程度为大专，母亲是中专。晴年幼时由爷爷奶奶和父母共同抚养，但主要由父母照顾。在晴约 3 岁时爷爷出车祸后需要奶奶长期照顾，便由父母两人独自照顾晴。父亲有微弱的口语能力，与晴交流时主要使用手语，口语为辅；母亲则无口语能力，与晴使用手语交流。

1. 良好的手语技能与亲子沟通

由于晴自小主要由父母抚养长大，父母也了解手语对于亲子沟通的重要性，因此父母在晴年幼时便有意识地教导晴学习手语。通过日积月累地学习和使用手语，晴比较熟练地掌握了手语沟通技能，如今基本能与父母沟通流畅。晴觉得父母都很愿意与她交流，并且很疼爱自己。在时间和经济允许的情况下，父母会尽量地满足自己的需求。小时候最让晴开心的就是在周末，“爸爸妈妈带我去玩，去大商场，还有去动物园、去市区”（摘自晴的访谈记录）。

2. 父母陪伴成长

在晴的成长过程中，尽管父母是听障者，但他们从未缺席。由于父母都需要上班，因此，“上学的时候我妈妈送我，放学了就是我爸爸来接我”（摘自晴的访谈记录）。虽然只是日常生活中普通的一件小事，但这也给晴和父母提供了接触和互动的机会，让晴感到父母始终陪伴着自己。

父母会出席家长会，尽管父母听不懂老师在说什么，但父母会通过文字与老师沟通，平时母亲也会通过微信与老师沟通晴的学习情况。“我妈妈会问我在学校的事情，还会问我的朋友，我有两个好朋友也住在附近，我妈妈都认识，所以我们也经常会聊我和好朋友的事情。”（摘自晴的访谈记录）晴的母亲是区残联里听障者舞蹈队的一员，经常会带晴参加听障朋友的聚会，晴的母亲也鼓励晴与其他听障家庭的健听子女玩耍。

3. 我与别人不同的短暂感觉

尽管晴与父母的关系亲密，但父母是听障者曾让晴产生自己和别人不同的感觉。“我记得是四年级，我和我爸爸妈妈去街上买东西，经过一家奶茶店，我想喝，然后问我爸爸妈妈，他们同意了（做出‘可以’手语打法）我就去买，我话音刚落，就听到旁边的阿姨说‘原来聋人的孩子会说话’，我听到挺难受的。”（摘自晴的访谈记录）那时候的晴内心感到一颤，那一刻的晴意识到自己与别人不同，自己的父母是聋人，而很多人对听障父母有误解，例如，听障者不会说话、听障者的孩子也是听障、听障者很穷等。尽管有过自己与别人不同的感觉，但这种感觉并没有延续很久。出于对听障父母的维护，晴每当听到这样的声音时，都会反瞪对父母有误解的人或者出言反驳解释。

4. 对父母的依赖

由于生活在一起，晴对父母的生活习惯、性格特点都很熟悉。“我妈妈对我比较严厉，会督促我做作业，认真学习。可能因为我平时生活上都是我妈妈管，家里的事情也是她做，所以有时候我书桌上的书没收拾好她就会说我。”（摘自晴的访谈记录）晴自幼由母亲照顾，熟悉母亲的脾性，并且养成了生活上依赖母亲的习惯，甚至“我有时候忘记把书本带到学校了，我也是让我妈妈拿过来”（摘自晴的访谈记录）。而对于父亲，晴则感觉“我爸爸对我很好，我妈妈有时会凶我，但我爸爸从来都不会，爸爸会带我去玩。他平时还会辅导我做作业。小时候我爸辅导我数学还好，但是到了四五年级，我爸爸说的我就听不懂了”（摘自晴的访谈记录）。

（三）飞的故事——让音乐充满房间

飞是家中的独生子，今年 16 岁，就读于职业高级中学。5 岁前主要由爷爷奶奶抚养，后来回到父母身边与父母同住并持续至现在。父母均为一级听力障碍者，均无口语能力，受教育程度均为初中，是公司的普通职员。在日常生活中，飞主要通过简单的手语和微信来与父母进行沟通交流。

1. 祖辈养育：5 岁前由爷爷奶奶抚养

飞在 5 岁前由爷爷奶奶抚养长大，与爷爷奶奶关系亲密，5 岁后回到父母身边。父母家距离爷爷奶奶家比较近，父母偶尔会来看望飞。后来，到了飞 5 岁多的时候，父母将其接回共同生活，飞挥别了与爷爷奶奶共同生活的岁月。飞是家中唯一的孙子，所以爷爷奶奶特别疼爱飞。在访谈中，飞也曾提过“爷爷奶奶特别疼我，可能这就是隔代宠吧。我每次去看爷爷奶奶，他们都会给我零花钱”（摘自飞的访谈记录）。

2. 亲子沟通：沟通停留在日常生活

飞在 5 岁前都是和爷爷奶奶生活，平日使用口语交流。但爷爷奶奶会一点手语，在飞年幼时，爷爷奶奶曾教过飞一点手语。但飞对手语兴趣不大，只懂得日常生活的手语词汇，飞和父母的沟通很少，基本是“问问吃饭了没，去哪里，日常生活上的”（摘自飞的访谈记录）。飞自述“一般我们都不怎么聊天的，我也不会和他们谈论在学校的事情，反正平时都不怎么沟通。我也不太会手语，我爸妈他们打手语交流的时候我也看不懂他们在说什么，就一直在打。不过我也不会去看他们聊什么，他们就聊他们的，看不懂也不会问，我也不好奇，就这样子”（摘自飞的访谈记录）。飞与父母的沟通停留在日常生活上，并且形成了“谁有事谁先找”的模式。

因为沟通的不畅通，飞与父亲还闹过矛盾。飞考虑父母是听障者，因此会尽量隐忍，但是实在憋不住了会与父亲吵起来。“如果他们做了什么事情让我不舒服了，实在憋不住了，我会发脾气”；“我每天 5 点 20 分要起来去学校，有一次学校搞活动可以晚点去学校，但是我爸以为我这是不想去上课的借口。然后我觉得很委屈，我手语也不太会，有时候真的沟通起来很困难。我实在忍不住了，就很生气地甩门出去了。他们就以为我莫名其妙地发脾气。的确有时候我的火气挺大的，不想理他们。不过后来吧，我有反思过，反省自己，我这样的行为有点不尊重他们，他们本来就有缺陷嘛，我应该包容他们一点的”（摘自飞的访谈记录）。

3. 不愿别人知道父母是听障者

飞不愿意让别人知道父母是听障者，因为这会让他感到自己和别人不一样，更准确地说，“其实我们这样爸妈是聋人的，都不太想让同学知道自己家里的情况，可能心里感觉还是有点自卑吧，以前我妈来接我放学的时候，我妈有时候会跟我打手语，我都会跟她说不要在外面打手语，我那时候害怕被同学看到了我妈打手语，他们就知道了我是聋人的孩子”（摘自飞的访谈记录）。直到现在，除非特别熟悉的朋友，否则飞不愿意把家里的事情告诉别人，当别人说起自己家庭情况的时候，飞的内心还是会感觉不自在。

4. 寂静之外——音乐

飞曾这样形容他与父母的关系：“我和我父母的关系真的挺疏离的。我们沟通真的很少，一回家就分界，就是我回我的房间，他们回他们的房间，其实这样挺有距离的。有时候，我感觉只有自己在家一样，特别安静，因为他们听不见，我们也不聊天。”（摘自飞的访谈记录）音乐在寂静中走进了飞的生活，“有时候自己一个人在房间，对着四面墙也很无聊。我喜欢在房间放很大声的音乐，不然感觉房间空空的”（摘自飞的访谈记录）。慢慢地，听歌成了飞的一种习惯、一种放松方式，甚至“音乐在心里占据了比较高的地位”（摘自飞的访谈记录），喜爱音乐，因为“音乐能改变一个人的心情，就像听伤感音乐，我们也容易伤感，听轻快的歌曲，我们的心情也会变得轻快”（摘自飞的访谈记录）。

5. 学习手语的种子萌芽又凋谢

在飞13岁的时候，他曾想过要与父母加强沟通和了解，以后也需要为父母翻译、赡养父母。于是在手机上搜索相关的视频来看，但是发现视频和父母的打法是不同的，自己又不知道怎么去学习，于是放弃了学习手语的念头。笔者问其为何不寻求父母的帮助，飞对父母的手语教学能力表示怀疑，“不是专业的老师，他要怎么去教你呢”（摘自飞的访谈记录）。此外还有飞自身的原因，飞感觉“学习手语就像学习数学一样”（摘自飞的访谈记录），对于他来说“太难了”（摘自飞的访谈记录）。

6. 成长路上的社会支持不足

在访谈中，飞时常提及自己的生活圈以朋友、同学为主，经常和朋友出去玩，但是飞也不会跟朋友倾诉自己的心事，“说实话，我们出去玩就是玩，这个会分清的，但是我们不愿意把家里的事情告诉别人，不开心的事情也是，不怎么告诉别人”（摘自飞的访谈记录）。飞感觉自己这个年龄承受的学习压力、社会压力挺大的，但是这些事情都无法和别人诉说，更多的是藏在心里。“晚上有时候想到难过的事会失眠，但是我爸妈不知道，我没告诉他们。跟别人说没用啊，很多时候是我去支持别人，我发现我这个人对别人感化作用比较大，但是对自己一点用都没有，像之前，有个朋友离家出走了三天，然后我跟他聊，跟他说怎样怎样的，他就真的回家了。”（摘自飞的访谈记录）虽然家人在飞心中也占据着重要的位置，但是飞觉得有时候“我爸妈就是我爸妈而已”（摘自飞的访谈记录）。而且，父母给予的支持不多，外面世界对飞的影响，比父母或家庭对飞的影响还要大。飞感觉自己很独立、自立、早熟以及擅长应对成人世界的挑战。“有事情要自己解决，感觉就是自给自足那样。像我之前上学报志愿的事情，我爸妈也没有问过我，就是我自己一个人报志愿的。最后我就告诉了他们我报了什么。其实告诉他们也没什么用，他们也给不了我什么意见。我知道他们不懂，所以他们也就随便我。”（摘自飞的访谈记录）

（四）妍的故事——孤独的局外人

妍是家中的独生女，今年12岁，就读于初中预备班。父母均为听力一级障碍者，父亲在化妆品公司食堂工作，母亲无固定职业，目前在网上做水果微商。父母学历均为初中，无口语能力。妍6岁以前和爷爷奶奶、太公太婆住在老家，由爷爷奶奶单独抚养，上小学后回到父母身边。放假有时间了妍就会去奶奶家、外婆家或者和同学外出玩，较少待在家里。平时与父母使用手语和微信沟通。

1. 祖辈养育：6岁前由爷爷奶奶抚养

在上学前，妍都是由爷爷奶奶抚养。父母在放假的时候会到爷爷奶奶家里看望妍。在那段时间里，妍作为家中唯一的小孩，爷爷奶奶太公太婆对她疼爱有加，带给妍非常快乐的童年生活。后来，到了适龄上学的时候，父母将其接回共同生活，妍挥别了与爷爷奶奶共同生活的岁月。

2. 亲子沟通：停留在粗浅的表面

妍憨憨地笑着说："刚开始我不太愿意回来这里，但是学校在这里，没办法。我记得那会儿我还哭过，说要跟奶奶在一起。爸爸妈妈被我闹得没办法，只好陪着我回来住一段时间。"（摘自妍的访谈记录）后来，妍慢慢适应了新环境，慢慢接受了回到爸爸妈妈身边。妍小时候特别粘奶奶，周末的时候也会经常到奶奶家去。尽管在小时候妍学习过简单的手语，但是妍因为很少和父母沟通，较少使用手语，加上妍能够写字，妍与父母主要通过写字和简单的手语交流，在小学四年级时开始使用手机，后来也会通过手机来交流。妍与父母每天都会聊天，但都是有关日常生活的内容，形成"我和我爸妈有时候就是能少聊就少聊，能不聊就不聊"（摘自妍的访谈记录）的风格。

妍自述道，"我们每天都会聊天，有时候睡觉前也聊，但是我们聊得不多，和我妈聊的是去哪玩，干什么玩，和我爸就喊他吃饭，有时候他问问我作业写完了没，跟爸爸很少聊天，爸爸要么工作要么懒，都是妈妈带我出去玩。我想出去玩的时候就会找他们，因为要告诉他们我要去玩，或者我想出去玩，让我妈妈带我去玩呀"（摘自妍的访谈记录）。尽管妍和父母沟通得很浅，但是父母对妍的管教比较宽松，给了妍很大的自由空间，妍感觉自己和父母的感情还是很好的。

3. 局外人角色带来的隐形孤独感

妍的手语只能应付与父母的日常沟通，对于父母之间的聊天，妍很多是看不懂的，这让妍产生了"他们俩是依赖，我是一个意外"（摘自妍的访谈记录）的局外人感觉。一方面，妍基本上看不懂父母的手语，"不清楚他们在聊什么"（摘自妍的访谈记录）；另一方面，妍即使听不懂父母之间的聊天也不会发问，因为"问了我也听不懂，问了也与我无关"（摘自妍的访谈记录）。此外，到了晚上的时候，没有一家人围坐用手语交流，而是"晚上的时候，我妈不看电视，就看她的手机和朋友聊天，我爸看他的电脑，我就看我的书做作业。要是我放假了，也跟着他们看手机，我们就各玩各的”（摘自妍的访谈记录）。

对于“你在家里会觉得孤单吗”的提问，妍回答：

> 会，所以放了寒暑假要么把我闺密拉到我家住，要么我到她家住，要么就去我表妹家住了，在这里太孤独了。所以一个暑假都没在家里几天。国庆我也不打算待几天。1号和2号打算去我奶奶家，2号和同学一起看电影，这是学校要求的，3号回来补作业，4号和同学去万达玩，5号去外婆家。我也没几天待在家里。（摘自妍的访谈记录）

妍曾经这么形容她和父母的关系，“地球是太阳系中一颗很早的行星，太阳系是银河系很少的一部分，银河系是宇宙中的沧海一粟，那么我这个家就是宇宙，我就如地球，我的爸爸就是遥远的银河系，我的妈妈就是太阳系，而我就是孤单的行星”（摘自妍的访谈记录）。尽管听障父母和健听子女处于同一空间，但缺乏沟通，仍感觉处于两个分离的世界，使得健听子女产生孤单的感觉。

4. 手语太麻烦了

相比手语，妍更加喜欢用口语交流，因为其觉得口语更加方便快捷好学。在与妍访谈过程中，发现妍很喜欢说起学校老师和同学之间的事情，问及“你会跟父母说起学校的事情吗”时，妍回应“很少讲，六一儿童节、春秋游什么的可以讲讲，因为要跟他们要钱。在学校里不开心的事情，我不想说。学校里有趣的事情嘛，打手语太麻烦了，我才懒得说呢。有时候她不懂你的意思你就很烦啊。而且有时候她问我，我也不一定能看懂全部的手语呀，我更加喜欢说话”（摘自妍的访谈记录）。

妍回忆到，以前曾试过跟父母说学校的趣事，但是这需要先将涉及的人物向父母介绍一遍，再将事情发展的始末用手语打出，困难便往往由此出现。首先，这对手语词汇量掌握不多的妍来说，将涉及数个人的事情完整用手语打出是比较困难的。退一步讲，尽管妍知晓一些手语词语的打法，但并非一个手语词语便可呼应一个中文的词语，将中文翻译成手语，还要注意手语和中文的语法结构不同。若用微信告诉父母，打字也很麻烦，加上父母对汉字的理解能力较弱，没有手语直接，这又让父母和妍都深感为难。

因此妍感觉“手语太麻烦了，还是口语比较方便”（摘自妍的访谈记录）。

5. 从惧怕到无惧异样眼光

尽管父母是听障者，但是妍认为“我爸爸妈妈除了不会说话，跟别的爸妈都一样”（摘自妍的访谈记录）。然而，曾经的妍也惧怕别人投向自己与父母的怪异眼光，尤其是刚回到父母身边不久时，妍很不喜欢别人投向自己的眼神。因为那时候的妍认为自己是不一样的，“害怕别人笑话自己是聋人的孩子”（摘自妍的访谈记录）。后来，与父母一起生活的时间长了，妍慢慢能够和父母进行简单的手语交流，也感受到父母给自己很大的自由。时间长了也慢慢接受父母是听障者，偶尔会带来异样的眼光。后来则更是敢于表达自己的父母是聋人，妍“写作文的时候写过我的父母，因为我作文写得好，所以就读出来，大家就知道了”（摘自妍的访谈记录）。妍无惧介绍自己的父母是听障者，但是不喜欢听到别人对父母的误解，“我要维护我的爸爸妈妈”（摘自妍的访谈记录）。

（五）玲的故事——被外公控制的童年

玲是家中的独生女，今年16岁，身形较同龄人肥胖。于2019年办理退学手续，目前在社区当图书馆志愿者，帮忙整理图书。玲的父母离异，玲说她爸爸当初不要她，是外公把她抱回来的。玲主要由外公和母亲抚养长大，目前玲的家庭成员有听障母亲、听障姨妈、听人外公。玲的母亲是一级听力障碍者，初中学历，在水表工厂工作多年。玲的外公是听人，退休前是一名医生。当玲出生后，外公觉得玲的母亲是听障者，无法单独照顾子女，因而强行介入玲的教养，几乎所有关于玲的事情都一手包揽。按玲的表述，她从小到大都是外公在管，但是很多时候母亲和外公是在同一阵线上的。直到初中外公才慢慢放手给母亲管教。

1. 听人外公——替代父母

从小到大几乎都是外公照顾玲，玲自述小时候睡觉都是和外公睡一起。玲的家境并不富裕，母亲在水表工厂工作，赚取微薄的收入。母亲白天上班，工作繁忙，加上母亲也爱和听障朋友出去玩，极少插手女儿的教养问题，玲与母亲之间相处的时间也很少。

在听障家庭中，手语是亲子之间沟通的桥梁。玲从小看长辈用手语交流，慢慢地就会简单的手语，但由于小时候外公管得比较多，玲的手语能力十分有限，以致亲子之间的对话异常简单，不外乎吃饭、睡觉、去哪里、拿钱。用玲的话说“母亲就是金钱和物质的提供者”，“虽然我们同住在一个屋檐下，但是我们真的没有什么接触，交集很少，除了我要买什么东西，买一些吃的、玩具，买一些书，我会跟她讲一讲，她不肯给我出，我就跟我外公要。挺难的，我小时候我妈没怎么管我”（摘自玲的访谈记录）。由于手语的局限和观念的不同，玲与母亲很难进行深入沟通。“我有时候不太会去问一些我不会的手语，很多看不懂，然后我不会我也懒得去问，我也不太好奇他们在说什么。有些聋人的孩子，可能六七岁的样子就已经会很多手语了，小时候外公管我比较多吧，手语也不太会。”（摘自玲的访谈记录）

2. 暗淡的学业生涯

玲的外公在他的学生时代就读了当地最好的中学，长期以来他都期望自己能够读大学，但因“文化大革命”不能如愿进入大学。两个女儿都是听障者，也没能使他如愿。最后听人小孩玲出生了，外公很高兴，便将所有的期望寄予家中唯一的孙女玲身上。“其实我刚出生的时候，外公怕我是聋哑人，特地带我去医院做各种检查，检查完之后发现我是个健全的，可以讲话，很高兴，跟我讲对我的期望很高，希望我可以去念大学。”（摘自玲的访谈记录）外公也因此在玲身上花费了很多心血。“在我很小的时候，我外公就会买一些书来教我，也会带我去图书馆。”（摘自玲的访谈记录）然而，事与愿违，玲认为在幼儿园的时候老师们教的东西外公都教过了，基本上都会，她就懒得学那些东西了。进入小学后，玲的学习成绩更加落后了，外公一开始不停地给玲补习，但是玲感觉很烦，“像别人在那一直指挥着我，我感觉我的人身自由被控制”，“我觉得我外公在教育方面不太会把控。小孩子嘛，你应该去教导她，而不是强迫她一定要去做什么事，这种强迫性的语言就很容易让我产生逆反心理，越让我去做什么我越不想做”（摘自玲的访谈记录）。

外公的一记耳光让玲第一次产生不想去上学的念头。“大概是小学四年级，我好像是因为没有做作业还是怎样，老师喊家长到学校，我被我外公打耳光，而且当着全班同学的面。我觉得我是超级有自尊心的人，当时被打我就一点都不想上学了。”（摘自玲的访谈记录）玲认为自己比别人早熟，是一个容易多想的人，会比较在意别人的想法。母亲在别人面前经常说她懒、没用、不好，这都极大地损害了玲的自尊心。

玲的小学生活除了有外公学习上的“压迫”，还有同学的无情嘲讽。玲从小时候开始就比同龄人显得肥胖，也因为肥胖被同学嘲笑叫“肥妹”，甚至母亲也一直说她胖，无疑在玲的心上雪上加霜。同学知道玲的母亲是听障者，玲在学校深受同学的指点。外公只关注玲的学习，母亲“不管她”，他们并没能发现玲对学校、同学的排斥。当玲受到委屈时，从不和母亲倾诉，因为即使吐露心事，母亲也无法给予安慰。没有获得家人的宽慰曾让她产生无人依靠的感觉，自卑的种子也从此埋在了玲的心中。

3. 我的父母是聋人

父母是聋人是否曾经带给你困扰？玲觉得母亲是听障者，所以他们需要用手语沟通和交流，用手语交流的举动容易引来其他人异样的眼光。多年的经验让玲学会了如何区分不怀好意的眼神还是好奇的眼神，当她感觉到是歧视的眼神时会直接瞪回去。玲觉得自己的母亲是听障者这件事情本身并没有给她带来很多困扰，“可能少了点沟通，但是我觉得我还是能从我妈那感受到爱”，“只不过是一个人的命运嘛，他们生下来，听力被打针打坏了，我们没有办法，只能量力而行，该做什么就做什么，别人的想法，无所谓啦”（摘自玲的访谈记录）。相比现在的豁然，年幼的玲相较于父母是听障者这件事，更加反感外公在她小学时将她母亲是听障者的事大肆宣扬的行为。

对于“你的老师和同学知道你父母是听障者吗”这一问题，玲说：

> 只有我一个同学知道，我从来不喜欢把自己的事情跟别人说，但是好像老师和家长都知道我爸妈是聋人，家长知道了，他们就会跟他们的子女讲，那我同学他们就知道啦。我其实很反感我外公，说我爸妈是听障者，多给一点帮助什么的，听障者又不是没手没脚不能活了，为什么一定要跟人家讲，博取人家的同情呢。因为我小学就有人讲我爸妈是聋哑人怎么怎么的，一直在怼我。我当时就挺无语的，我就不想让别人知道我爸妈是聋哑人，不要因为这样就用奇怪的眼光看着我，我讨厌被别人说。（摘自玲的访谈记录）

尽管父母的听障并不是玲造成的，但作为听障家庭的健听子女的玲难免不会被殃及其中。玲甚至发出“我觉得我已经快被生活磨平了棱角了”（摘自玲的访谈记录）的叹息。

4. 退学——唯一的决定

玲直言很小的时候不会忤逆外公和母亲，也会按照他们说的做。但长期以来，玲的学习成绩很差，数学考个位数的分数。外公和母亲对玲“无用和懒惰”的否定击垮了玲的内心防线。而外公和母亲却不自知，对玲的逼迫和否定在玲五年级的时候更是“变本加厉”。“我外公一直在说你这个人不行，就是我没有得到认同，搞得我都没有信心了。”（摘自玲的访谈记录）随着年龄的增长，玲的胆子慢慢变大，也慢慢地跟家人反驳起来。外公和母亲对自己学习的逼迫，同学对自己肥胖、成绩及听障家庭的嘲讽让玲做了一个决定——不去上学。玲表示“在我成长过程中，没有什么让我自己去选择的，好像就除了初中我不上学这个是我自己决定的”（摘自玲的访谈记录）。尽管从不想上学到下定决心不继续求学有一个漫长的过程，中间也经历了休学在家、回学校上学、再决心退学的事件。在家里的一年多，玲很少出门，在家沉迷游戏，母亲也总是拿她和别人对比，“我妈一直会拿我跟别人比较，然后别人都去读书，你在干吗这样。那时候挺反感这样，就说别人家的女儿怎样怎样好”（摘自玲的访谈记录），这让玲的心里更不是滋味。在办理退学手续之后，玲曾去找工作，但因未满法定就业年龄，未能如愿就业。经人介绍，玲到社区的图书馆当志愿者，待长大些后再就业。外公和母亲也慢慢接受玲退学的事实。外公和姨妈将于不久后搬到另一个房子，外公逐渐将玲的教养责任转回听障母亲。

（六）怡的故事——熟悉的陌生人

怡是家中的独生女，今年 16 岁，初三复读生。小时候和爷爷奶奶一起住，由爷爷奶奶抚养长大，后来与爸爸妈妈同住。怡的父母均是一级听力障碍者，均无口语能力。父亲的受教育程度为初中，目前是工厂的一名普通员工。母亲的受教育程度为小学，怡接受访谈时适逢母亲所在工厂倒闭，面临失业，母亲正待业在家。母亲失业前是服装厂的普通员工。

1. 隔代抚养：因升学回到父母身边

由于父母忙于工作和听力受损，怡自幼便由爷爷奶奶帮忙照顾，和爷爷奶奶一起生活在老家。也正因如此，怡从小与爷爷奶奶关系亲密。后来由于升学，怡在12岁时搬到现在的家，与父母共同生活。

2. 亲子沟通：语言的障碍如鸿沟

怡自幼由爷爷奶奶抚养长大，与爷爷奶奶使用口语交流，在听人环境下成长的怡口语表达清晰流利。爷爷奶奶认为先教会怡口语比较重要，在确定怡口语能力发展良好后才慢慢教怡手语，父母则会在看望怡时教怡手语，但怡习惯了口语，更倾向于口语表达。当不熟练手语的怡回到父母身边时，怡感到很不适应。"他们聊天的时候我很多看不懂的，有时候他们跟我打手语，我也是看不懂，现在好一点了，刚开始的时候我和爸妈都是用手机微信来沟通的，有时候文字的语序也让我很不习惯，例如，懒猪写成猪懒，西瓜是瓜西。"（摘自怡的访谈记录）后来，父母慢慢教怡手语，怡学会了简单的手语，掌握的手语词汇量也越来越多。"因为他们是聋人，吐字很不清晰，我有时候听得很困难，听着也不舒服，现在习惯很多了。"（摘自怡的访谈记录）语言障碍的存在让怡和父母犹如被一条鸿沟隔离在两端，产生孤独感。"会有点孤单，我12岁才跟爸爸妈妈一起住的，说真的，其实我们关系挺疏离的，我手语又不好，不知道跟他们聊什么，回到家里静悄悄的，就那种感觉，说不上来，可能就是他们挺少管我吧，觉得只有自己一个人，有点孤独和无助，有时候更想待在学校里。"（摘自怡的访谈记录）

3. 生活习惯的再适应

怡不仅在语言上遇到了巨大的挑战，听障父母的生活习惯等也让怡有所不适。"他们跟我打手语的时候会一直盯着我看，我感觉很不适应。我觉得这样盯着别人看让人不舒服。还有就是爷爷奶奶从小教导吃饭的时候嘴巴不要发出声音，但我爸爸妈妈吃饭的时候会发出声响，他们自己不知道。"（摘自怡的访谈记录）与父母共同生活的不适应曾让怡怀念在爷爷奶奶身边的日子，"我还是跟爷爷奶奶关系更好，更亲近，我爸妈就只是跟我有血缘关系而已，感情没有我和爷爷奶奶好"（摘自怡的访谈记录），有时候也埋怨过"为什么是自己，自己的爸妈是听障的"（摘自怡的访谈记录）。爷爷奶奶与爸爸妈妈的教养不一致也让怡有所不适，"爷爷奶奶比较疼爱我，很多事情迁就我，爷爷奶奶会尽量满足我想要的东西，但是我爸爸妈妈说不能娇惯我，我就感觉（翻了个白眼）”（摘自怡的访谈记录）。

4. 不愿意成为不一样

在小学的时候，怡曾经很担心身边的同学知道父母是听障者，“可能小孩子都比较敏感吧，因为家里的情况，天生就感觉比别人矮一等。自己就觉得自己父母不会说话，就是残疾人，担心出去会被别人看不起”（摘自怡的访谈记录）。现在到了中学，需要父母接送上下学，怡也不希望在外面和父母打手语，会让怡感觉尴尬，甚至不太愿意与父母外出逛街。怡打心底里害怕自己与别人不一样。研究者在刚接触怡的时候发现，怡担心研究者会因为她的父母是听障者而对她有不一样的想法，在表述中也带有寻求与其他人一致的倾向。后来研究者与其关系更近一步时，怡才与研究者敞开心扉诉说。

5. 熟悉的陌生人

怡在初三考试时因为数学考得不理想，很难过，但是自己选择了复读。“那时候我考得不理想，爸爸妈妈用手语问我为什么考低分了，我那时候感觉他们在质问我一样，心里觉得特别委屈。”（摘自怡的访谈记录）怡不解为什么父母总是这么直接地表达，而这样的直接又伤害到怡的心灵。此外，虽然怡与父母共同生活数年，但依旧是熟悉的陌生人。怡感觉与父母相互并不了解，“虽然同住在一个房子里，但我们不太了解对方，他们不知道我在想什么，我也不太愿意跟他们讲”（摘自怡的访谈记录）。怡不会向父母倾吐自己的心事，若遇上困难需要帮忙的时候，首先想到的是身边的朋友或同学，她认为父母无法帮上忙。

三　听障家庭的健听子女三种早期养育方式及其特点

通过对六位听障家庭的健听子女的早期养育情况进行分析，本文将听障家庭的健听子女的早期养育方式分为三种类型，具体如表 2 所示。

表 2　听障家庭的健听子女三种早期养育方式及其特点

	亲自养育型	学龄回归型	祖辈代理型
依恋类型	安全	矛盾	回避

续表

	亲自养育型	学龄回归型	祖辈代理型
亲子关系	亲密	若即若离 矛盾关系	疏离
孩子手语	熟练	掌握一点	较差
沟通方式	手语为主	微信、文字为主 手语为辅	微信、文字为主
沟通频率	经常沟通	较少	很少
残障认同	接纳	接受	逃避隐藏
听障家庭的健听子女发展状况	良好 雨进入大学 晴学习良好	中等偏下 飞进入高职 妍成绩一般	较差 玲初中辍学 怡中考失利复读

亲自养育型——听障家庭的健听子女一直与听障父母共同生活，主要照顾者为听障父母。儿童在与其照顾者的长期接触中形成了关于自己以及自己与他人关系的认知。在雨和晴的家庭里，父母意识到手语是听障父母与健听子女的沟通桥梁，自幼便教导他们手语，雨和晴都能比较熟练地使用手语。雨和晴早期与父母的共同生活不仅让他们和听障父母之间沟通无障碍，也让雨和晴了解听障群体的行为习惯和生活模式，对于父母的残障，她们能够充分接纳与认同。这种稳定的、亲密的亲子关系利于孩子获得积极的成长动力，勇于应对各种挑战。

学龄回归型——听障家庭的健听子女在学龄前的主要照顾者是听人祖辈，上小学时回归父母家庭，听障父母成为主要照顾者，妍和飞属于该类型。因为听力的损失，听障父母会担心无法听到孩子的哭声或教导口语，所以许多听障家庭的健听子女从小让听人祖父母养育，等到子女的语言发展与一般儿童相似时，再回到父母的身边。

听障家庭的健听子女在学前期与祖辈教养者形成依恋，再回到父母身边，便难以与父母形成亲密感。虽然飞和妍回归后与父母共同生活，对父母也产生一定的情感，并理解父母的残障与不易，但在情感深处依然是疏离的。幼儿期也是语言发展的关键期，学前期使用口语，而对手语生疏，导致后期学习手语困难，与父母的沟通只能停留在日常生活表面，飞和妍与听障父母基本形成了“有事才找，无事各自安好”的互动模式。

祖辈代理型——听人祖辈认为听障父母无力教养健听子女和教导子女说话，因此在听障家庭的健听子女的早期养育中完全取代听障父母的角色。听障家庭的健听子女玲自幼由外公抚养，直至初中外公才将教养责任转移给听障母亲；而怡在12岁之前由爷爷奶奶单独抚养，后因升学才回到父母身边。由于小时候陪伴最多的是祖辈，自然更多依恋的是祖辈，对于青春期才共同生活的父母，会有“隔阂”感。

玲和怡早期养育方式均以听人为中心，习惯使用口语表达，手语能力薄弱。如果儿童缺乏手语能力，会不对称地进行亲子交流，影响亲子关系（Singleton & Tittle, 2000）。怡对于父母的手语很多看不懂，双方沟通起来都感觉很费劲。语言的障碍和早期养育的情感脱离让怡与听障父母的关系更加疏离。当听障家庭的健听子女回到听障父母身边时，还容易出现教养方式不一致的情况。怡从爷爷奶奶的溺爱管教转变为爸爸妈妈的非溺爱管教，心里有落差，对听障父母心存芥蒂。长时间沉浸在以口语为中心的听人世界，不熟悉聋文化的听障家庭的健听子女怡对父母的行为方式感到不解与困惑，种种聋听文化的冲突容易让其排斥聋文化和聋人群体，对父母残障必然表现出回避与隐藏的态度。

四　早期亲子养育方式对听障家庭的健听子女成长的影响

不同养育方式会形成不同的亲子关系，“不管你立足什么理论，在婴儿期到儿童期、青春期的孩子的人格形成过程中，父母子女之间的关系是一个极其重要的构成因素”（孟育群，1997），对孩子的社会化、身心健康都有深远的影响。

第一，父母亲自养育，陪伴孩子成长，有利于建立安全亲子依恋与亲密情感。在亲子互动中孩子感受到来自父母的爱与关怀，从而获得安全感和情感支持。学龄回归型以及祖辈代理型听障家庭的健听子女错过了依恋形成的敏感期，无法与听障父母形成依恋。尽管听障父母和健听子女现阶段处于同一空间，但缺乏情感交流，不熟悉彼此的文化，使听障家庭的健听子女感觉处于两个分离的世界，产生孤独的感觉。

第二，亲自养育有利于听障家庭的健听子女对父母残障有更高的认同，减少负面情绪，维护心理健康。雨从未认为父母的听障给自己以及与父母的亲子关系带来太大困扰，“每个人的家庭不同，环境不同，相处模式也不同，会说话的家庭也不一定好啊”（摘自雨的访谈记录），并不感到别人的家庭胜过自己的家庭。而另外两种养育方式，由于听障家庭的健听子女没有与父母建立安全依恋，也缺乏与父母共同生活和聋文化基础，他们对父母的残障无法真正认同，继而产生无奈、愤懑、羞耻、逃避等负面情绪与心理。

第三，亲自养育有利于听障家庭的健听子女从小掌握较强的手语技能，与听障父母发展出有效的亲子沟通方式。语言是沟通的媒介与桥梁，手语的掌握对于亲子沟通与情感培育具有至关重要的作用。学龄回归型与祖辈代理型教养方式，都使健听子女错过了手语学习的敏感期，不能流利地使用手语交流，无形中在孩子与父母之间竖起了一道屏障，导致听障家庭的健听子女与父母的交流沟通愈加困难，产生孤独与疏离感。

五 总结与讨论

早期的教养方式对于听障父母与健听子女建立亲密的依恋关系、亲子关系具有重要的影响。父母听力的损失的确影响了听障父母的育儿能力，但这也启示了社会工作可以通过社会工作服务的介入来补偿听障父母的弱势，助力听障父母早期教养健听子女。社会工作作为一种助人的专业，尤其是在特殊人群领域，能够发挥不可估量的作用。从长远看，我国是一个崇尚孝文化，以孝为先的大国。成年子女需要反哺父母、赡养父母。与听障父母关系亲密的健听子女承担赡养父母的责任，更能充分发挥健听子女群体特殊的语言资源优势，作为搭建沟通聋听世界的桥梁，助力聋健融合。然而，从我国目前的状况来看，社工在听障父母与健听子女的早期抚养支持服务领域是缺位的。迫切需要社工助力改变听障父母无力抚养子女的理念，增强听障父母的教养信心，通过“互联网 + 人工智能”模式为听障家庭提供养育指导与支持。

参考文献

高欣卉，2012，《听障父母对学龄儿童亲职教育主观经验之研究》，硕士学位论文，中国文化大学。

孟育群，1997，《少年亲子关系诊断与调适的实验研究》，《教育研究》第 11 期。

宋晓真、邢敏华，2006，《聋父母与听小孩家庭的沟通和教养问题研究》，《台南大学特殊教育学系特殊教育与复健学报》第 15 期。

谢素分，2005，《台北地区听障/聋父母对听人子女的教养态度、困难与需求》，硕士学位论文，台北教育大学。

邢敏华、顾玉山，2002，《我的父母是聋人：聋父母/听子女的亲子沟通与教养问题研究》，载《听障者心理卫生与教育沟通学术研讨会会议手册暨论文集》。

张宁生，2018，《聋人文化概论》，郑州：郑州大学出版社。

Lai, Shun-keung. 1996. "Deaf Parents Having Hearing Children: Issues of Communication and Child-rearing." University of Hong Kong.

Mathers, C., Smith, A., & Concha, M. 2000. "Global Burden of Hearing Loss in the Year 2000." *Global Burdon of Disease.*

Mindel, Eugene D. & Megay Vernon. 1987. *They Grow in Silence: Understanding Deaf Children and Adults.* Boston, Mass, College-Hill Press.

Schein, J. D. & Delk, M. T. Jr. 1974. *The Deaf Population of the United States.* Silver Spring, MD: National Association of the Deaf.

Singleton, J. L. & Matthew D. Tittle 2000. "Deaf Parents and Their Hearing Children." *Journal of Deaf Studies and Deaf Education* 5 (3): 221 – 236.

【医务社会工作研究】

“健康中国”背景下构建安宁疗护社会工作专业化发展路径*

程明明　陈丽云**

摘　要　为应对中国老龄化的发展，《“健康中国2030”规划纲要》明确了安宁疗护在国家健康发展中的重要战略地位。社会工作者是安宁疗护人文关怀最为重要的提供者，也是安宁疗护跨学科团队中的“必备”成员。本文基于社会工作专业化发展过程与特点，结合我国安宁疗护发展现状，从社会工作干预的微观、中观和宏观领域，提出我国安宁疗护社会工作专业化通过专业核心竞争力、组织层面专业认同以及社会层面专业认同的发展路径，以期提升安宁疗护人文关怀的质量，促进社会文明发展。

关键词　安宁疗护　社会工作　专业化　本土化

一　问题的提出

安宁疗护又称临终关怀，是指当患者疾病进展到末期且无法治愈时，

* 基金项目：国家社科基金一般项目“老龄化背景下我国安宁疗护社会工作本土实践模式的构建研究”（21BSH123）。

** 程明明，上海大学社会学院副教授；陈丽云，香港大学社会工作与行政学系荣休教授。

通过多维度的评估与干预措施为患者及其家人提供专业帮助，目的在于提高临终病人的生命质量，而非延长其生存时间（麦金尼斯 - 迪特里克，2008）。

作为一种特殊的社会治理形式，安宁疗护已成为现代文明发展的一种体现。安宁疗护社会工作是指社会工作者使用专业服务方法，为临终患者及其家属提供心理、社会以及灵性层面多维度专业服务，并与跨学科团队协作，共同提升临终患者及家属的生活质量（程明明、Mona Schatz，2015）。安宁疗护社会工作在国外已有半个多世纪的发展历程，然而，这一领域在国内的研究和实务刚刚起步。2016 年，中共中央、国务院印发了《“健康中国 2030”规划纲要》，首次在国家政策层面提及“安宁疗护”并将其纳入国家健康发展战略。[①] 国家卫生健康委员会先后在 2017 年[②]与 2019 年[③]出台相关政策，推出建立全国 72 个省区市安宁疗护试点方案，全面推进中国安宁疗护事业的发展。由此可见，探索中国安宁疗护社会工作的专业化发展路径已成为当前“健康中国”背景下一项迫切议题。

对于社会工作如何专业化这一议题，国内不少学者各抒已见。有学者认为，社会工作的专业化至少包含六个方面的要素，即以社会工作价值和伦理为先导的、强调理论体系建构的、伴随服务技术规范化和有效自由裁量的、包含着本土化的、排除过度专业化的以及在独立的专业社团推动下的专业化（赵芳，2015）。还有学者提出，社会工作的专业化不仅要以伦理价值观为基础，构建本土知识体系，而且要以提升专业性为核心，争取专业自主性（文军、吕洁琼，2018）。此外，还有学者将社会工作专业化看作一个过程，即通过提高社会工作的科学性、必需性与利他性，以维护与提高社会工作的权威性与自主性，从而更好地服务人类与社会的动态过程（柴定红、熊贵彬，2009）。

---

① 中共中央、国务院：《“健康中国 2030”规划纲要》，http://www.gov.cn/zhengce/2016-10/25/content_5124174.htm，最后访问日期：2022 年 9 月 30 日。

② 国家卫生计划生育委员会：《关于开展安宁疗护试点工作的通知》（国卫办家庭函〔2017〕993 号），最后访问日期：2022 年 9 月 30 日。

③ 国家卫生健康委员会：《关于开展第二批安宁疗护试点工作的通知》，http://www.nhc.gov.cn/lljks/s7785/201912/efe3ed3d9dce4f519bc7bba7997b59d8.shtml，最后访问日期：2022 年 9 月 30 日。

不难看出，上述无论是哪种对专业化的解释，都蕴含着伦理与价值、专业理论与知识体系、科学性、自主性等关键词。因此，社会工作的专业化是建立在伦理价值基础上，通过本土知识体系的构建与服务规范化的形成，从而提升其专业性以获得专业自主性与认同的过程。本文将以社会工作干预的三个层面，即微观、中观与宏观层面，结合对社会工作专业化的定义，解析中国安宁疗护社会工作专业化发展路径。

二 中国安宁疗护社会工作专业化发展路径

（一）探索本土安宁疗护社会工作的伦理与价值

作为姑息照护的一个连续阶段，安宁疗护专业人员在提供专业服务时不得不面对医学伦理的议题。姑息照护（又称姑息治疗、舒缓治疗）是提高那些面临致命疾病威胁的患者及其家属生存质量的一种方法。它通过早期识别、正确评估、治疗疼痛及其他问题来预防与缓解患者和家属所遭受的痛苦，这些问题包括躯体、社会、心理以及灵性层面（中国抗癌协会癌症康复与姑息治疗专业委员会，2008）。就安宁疗护本身而言，其伦理的核心是使患者在生命末期得到身体、心理、灵性等舒适的照顾，保持平静与尊严，其理念是应更多地关注医学人文关怀，为患者提供最佳的医疗照护方案（王京娥、康宗林，2014）。

作为安宁疗护中的社会工作者，首先要了解这一领域中的医学伦理困境，再结合社会工作本身的专业伦理和价值探索出安宁疗护社会工作这一特殊领域的伦理与价值。安宁疗护社会工作伦理困境研究在国内鲜有，国外研究也不多见。有国外学者探讨了安宁疗护社会工作的伦理困境，包括以下三个维度：与生物伦理相关的主题（包括患者自主权、告知真相、有利和不伤害以及公平分配资源）；患者和家属是否接受病情；如何确定代理决策者的参与（Csikai et al.，2004）。另一项研究指出，因为没有预立医嘱而造成的混乱或冲突、患者自身的能力问题以及患者与家属/医生之间未讨论过患者的愿望是安宁疗护社会工作者遇到的最为常见的伦理困境。这两项研究共同聚焦在预立医嘱这一安宁疗护领域的特殊议题上（Csikai &

Bass，2001）。从国外的经验来看，在安宁疗护服务中，通常由社会工作者为临终患者提供预立医嘱的跟进服务，这不仅为患者提供了解他们临终治疗意愿的机会，而且也体现了"案主自决"的社会工作专业原则（Robertson，2010）。

值得一提的是，美国社会工作者协会（NASW）提出了安宁疗护社会工作者应遵循的11项伦理原则，即正义、仁慈、避免伤害、理解与宽容、尊重他人、普遍性、真实性、案主自决、保密性、平等性、综合性等（程明明，2017），这为制定中国文化下的伦理原则提供了一个可参考的框架。

在对这些伦理与价值原则本土化过程中，不但需要检验这些原则的文化适用性，而且还应依据文化特殊性发展出拥有本土化元素的伦理与价值。比如，有国内学者指出，"案主自决"在本土化过程中受到助人关系本身、儒家思想、集体主义等诸多文化因素的影响，存在发展的困境（王健，2010）。尤其孝道文化成为中国推行预立医嘱较大的屏障。"案主自决"这一伦理原则在中国文化下安宁疗护服务中的推进还需很长一段路。因此，制定本土化安宁疗护社会工作的伦理与价值原则既要秉承社会工作的伦理与价值，又要兼顾文化的特殊性。

（二）深化安宁疗护社会工作专业服务的内涵

社会工作者在安宁疗护服务中不仅提供如心理与灵性评估、干预的直接服务，而且也提供如志愿者管理的间接服务。提升社会工作专业服务的内涵是提高安宁疗护整体质量的核心。

第一，增加安宁疗护社会工作服务内容的本土化元素。安宁疗护社会工作在我国刚刚起步，因此，在当下安宁疗护病区开展社会工作个案服务正面临诸多挑战，如对临终尊严的理解、对死亡的禁忌、对"孝道"的尊崇、患者知情权的剥夺以及专业关系建立的困难等。这些挑战一方面源于社会工作本身在中国发展的现实状况，如临终患者与家属对于社会工作专业相对较低的接受度与认可度；另一方面则来自中国文化传统的禁锢，如孝道（张鹏，2016）。因此，本土社会工作者需要在借鉴国外安宁疗护社会工作经验的基础上，结合中国文化下死亡观念与伦理实际，拓展本土化的服务内容，如发展出中国文化下"善终"的服务内涵和评估工具，才能使国外的临床服务适应本土化的发展。

与此同时，以上针对临终患者的专业服务中的挑战也对其家属和照顾者产生较大的影响，主要表现在：临终照顾者难以启口对死亡观念的感受、回避与患者讨论遗嘱、承担着难以承受的照顾重担等（朱正刚等，2015）。这些都给家属和照顾者带来诸多压力，这些压力若得不到缓解，将对临终患者的照顾质量产生一定的影响。因此，社会工作者所开展的专业服务，不仅针对临终患者，也需针对患者的家属和照顾者。

除此之外，社会工作者应在安宁疗护服务中考虑到中国城乡差异、宗教文化的多样性、地域差异（如东西部、南北方）等因素，以便为临终患者提供更加个别化的临床服务。

第二，探索精神信仰照顾的本土化模式。与其他医疗领域中的社会工作者相比，对临终患者精神信仰的关照更为社会工作者所重视。在面对死亡时，个体常常会去思考终极存在的问题。然而，对精神信仰的探索，不仅仅是寻求心灵的安抚，更是在很大程度上影响着患者的“临终决定”（Fleming & Hagan，2010）。在西方，人们会把对意义、目标、爱、宽恕等的需求倾注于“上帝”或“耶稣”（Carson，1989），因而，在临终阶段，患者往往能够从不同形式的“祷告”中获得心灵上的抚慰与平静。国外的社会工作者在安宁疗护服务中常常扮演“灵魂”关照师的角色，社会工作者通过链接资源的方式提供灵性服务，使患者和家属得到灵性上的安慰与满足。然而，中国的文化根基不是宗教而是伦理道德，绝大多数中国人避谈死亡。有研究指出，晚期癌症患者灵性困扰的原因主要是：患者自身缺乏正确的人生观与价值信念体系；自我尊严感丧失；死亡恐惧，即个人所预期的死亡意义与其信仰或文化间的冲突等（王素明、王志中，2018）。因此，安宁疗护社会工作者应保持对患者精神信仰关注的敏感性，以中国特有的文化信仰方式去关注患者的精神信仰，帮助临终患者进行精神信仰的探索，如对有特殊经历的临终老人，将“生命回顾”和“尊严疗法”进行本土化，帮助患者挖掘生命中的“红色记忆”[①]，增强正向生命意义与信仰。

第三，研制安宁疗护社会工作的评估工具以适应本土化的测量。当前

① “红色记忆”此处指中国历史上的革命经历或困难时期的经历。

国内外有关安宁疗护这一领域的评估与测量工具的研究较多集中在医疗、护理的角度，或综合评估形式的量表，如临终照顾质量量表（Engelberg et al.，2010）、死亡质量量表（Cagle et al.，2015）、优逝量表（Miyashita et al.，2008）等。针对安宁疗护社会工作为主题的测量评估工具在国内外都非常少见。目前可参考使用的只有全美社工协会推荐的“社会工作评估工具”（the Social Work Assessment Tool，SWAT）（Reese et al.，2006）。

然而，就现阶段而言，在对老年临终患者的临床评估中，社会工作者在使用标准化的测量工具时，显得非常困难。老年临终患者的平均年龄已超过70岁，与国外老年临终患者相比，中国老人的人生经历中几乎鲜有填写量表或问卷的经历，换句话说，他们对于填答量表或问卷缺乏“练习效应”，即使能够听得见或是看得见问卷题目，对于如何作答，也是“一脸迷茫”。单从测量的角度，这已对整体研究的效度产生了一定的影响，因此，进行临床测量工具的本土化探索就显得尤为重要。

可以采用三种方法对测量工具进行本土化：一是在中国文化情境下，依据相关理论发展出本土化的测量工具；二是借鉴国外现有较为成熟的量表，进行文化适应的研究，以使其能够适应本土情境的测量；三是采用多样化的测量方式以适应本土化的测量情境，如除了标准化量表与问卷以外，还可以开发基于本土情境的非言语测量工具，如图片的形式。与量表相比，图片具有更加直观且不需要阅读的优点，因此，针对老年患者采用图片形式的测量方法有望提高整个研究的效度。

总之，安宁疗护社会工作量表的开发不仅为安宁疗护领域的社会工作者，也为该领域的医护人员提供了一个多维度测量的参考框架。

第四，制定本土化的安宁疗护社会工作实务标准。毫无疑问，无论何种“标准”的制定都需要经过专家小组的讨论，并由权威部门经过鉴定后发布，因此，当专业服务提上“标准”的日程时，也就意味着它所在服务领域的质量得到了一定保障。为了提高安宁疗护服务质量，许多国家着手制定服务标准。以美国和英国为例，英国安宁疗护的标准相对细化，包含了不同人群的安宁疗护服务标准，也提供了濒死期这一特殊时期的关怀标准；而美国除了《安宁疗护服务标准》和《儿童安宁疗护服务标准》外，全美社工协会还为社会工作者制定了开展实务的标准（见表1）。

表1 中国、美国与英国安宁疗护相关服务标准

<table>
<tr><th>国别</th><th>名称</th><th>发布者</th></tr>
<tr><td rowspan="5">中国</td><td>《上海市社区卫生服务中心舒缓疗护（临终关怀）科基本标准（试行）》</td><td>沪卫基层〔2012〕012号</td></tr>
<tr><td>《安宁疗护实践指南（试行）》</td><td>国卫办医发〔2017〕5号</td></tr>
<tr><td>《上海市安宁疗护服务规范》</td><td>上海市卫生健康委员会</td></tr>
<tr><td>《安宁住院疗护标准作业参考指引》</td><td rowspan="2">台湾“行政院卫生署”</td></tr>
<tr><td>《安宁居家疗护标准作业参考指引》</td></tr>
<tr><td rowspan="3">美国</td><td>“Hospice Standards of Practice”①
《安宁疗护服务标准》</td><td rowspan="2">Nation Hospice and Palliative Care Organization</td></tr>
<tr><td>“Standards of Practice for Pediatric Palliative Care”②
《儿童安宁疗护服务标准》</td></tr>
<tr><td>“National Association of Social Workers Standards for Palliative and End of Life Care”③
《全美社工协会姑息与临终实务标准》</td><td>National Association of Social Workers</td></tr>
<tr><td rowspan="3">英国</td><td>“Quality Standards for End of Life Care for Adults”④
《成人临终照顾质量标准》</td><td rowspan="3">National Institute for Health and Care Excellence</td></tr>
<tr><td>“Quality Standards for Care of Dying Adults in the Last Days of Life”⑤
《成人临终濒死期照顾质量标准》</td></tr>
<tr><td>“Quality Standards for End of Life Care for Infants, Children and Young People”⑥
《婴儿、儿童以及青少年安宁疗护质量标准》</td></tr>
</table>

实务标准是社会工作者从事专业服务必不可少的工具包中一个最重要

① Nation Hospice and Palliative Care Organization, “Hospice Standards of Practice”, https://www.nhpco.org/wpcontent/uploads/2019/04/Standards_Hospice_2018.

② Nation Hospice and Palliative Care Organization, “Standards of Practice for Pediatric Palliative Care”, https://www.nhpco.org/nhpco-releases-updated-pediatric-standards/.

③ National Association of Social Workers, “National Association of Social Workers Standards for Palliative and End of Life Care”, https://www.socialworkers.org/LinkClick.aspx? fileticket=xBMd58VwEhk%3d&portalid=0.

④ National Institute for Health and Care Excellence, “Quality Standards for End of Life Care for Adults”, https://www.nice.org.uk/guidance/qs13.

⑤ National Institute for Health and Care Excellence, “Quality Standards for Care of Dying Adults in the Last Days of Life”, https://www.nice.org.uk/guidance/qs144.

⑥ National Institute for Health and Care Excellence, “Quality Standards for End of Life Care for Infants, Children and Young People”, https://www.nice.org.uk/guidance/qs160.

的部分。正如NASW所描述的，实务标准为社会工作实务的开展提供了一系列的服务基准，包括社会工作者应该提供怎样的服务，雇主（机构）应该支持怎样的服务，以及消费者（案主）应该期待怎样的服务。[①] 不仅对于新入职的社会工作者，而且对于有较多经验的社会工作者，实务标准都能够成为他们在开展社会工作服务中有效的倡导工具。因此，社会工作不同领域服务标准的制定在一定程度上推动社会工作向着规范化和专业化的道路发展。

由于中国安宁疗护和社会工作这两个专业领域起步均较晚，目前尚无安宁疗护社会工作通用的服务规范，仅有上海市在出台安宁疗护规范时，提及了社会工作的服务内容。

由此可见，借鉴国外的实务标准，结合本土安宁疗护实践，制定中国本土化的安宁疗护社会工作标准势在必行。这项标准的制定，不仅能够提升社会工作的专业化水平，而且可以作为安宁疗护服务质量的重要保障。与此同时，在当下我国安宁疗护服务领域，社会工作的专业地位尚未在跨专业团队中完全被认同，制定专业化的服务标准，有助于提升社会工作在该领域的专业认可度。

第五，发展本土化安宁疗护志愿者服务与管理模式。就国外安宁疗护社会工作发展经验而言，对志愿者进行培训与管理是社会工作者所承担的部分工作，这与当前我国医务社会工作与志愿服务"捆绑式"发展模式极为相近。

绝大多数医疗机构的社工部门除了开展专业社工服务外，还承担着志愿者的招募、培训和管理工作。高质量的志愿服务在一定程度上成为医疗人文服务的重要补充；同时，医务社工对志愿服务的有效管理也能提高医疗机构内的专业认可度。由此可见，在资源有限的形势下，这种医务社工与志愿服务的"捆绑式"发展模式为医务社工的进一步发展提供了有效的路径。

安宁疗护在中国的发展，以上海为例，主要体现为"社区为本"的安宁疗护模式。社会工作者开展的专业服务通常是在社区卫生服务中心的安宁疗护病房，或是将服务延伸至居家。社区收治的临终患者绝大多数处于

---

① "National Association of Social Workers Standards for Palliative and End of Life Care", https://www.socialworkers.org/LinkClick.aspx? fileticket = xBMd58VwEhk%3d&portalid = 0.

临终末期，较其他医疗领域的患者而言，他们有更多对于人文关怀的需求。因此，这就要求安宁疗护志愿服务与社会工作者的专业服务形成良好的互动与补充。志愿者经过社会工作者的培训后，可以开展如对临终患者的陪伴、与患者和家属的非正式沟通、参与跨学科团队查房、与社会工作者一起进行哀伤辅导等服务，这些都是对安宁疗护社会工作服务的有效补充。除此之外，社会工作者还可以依据志愿者个人的特长与能力，在临床实践中匹配相应需求的临终患者与家属，以提供更加“个性化”的安宁疗护服务（Altilio，2011）。

尽管如此，根植于中国文化的安宁疗护志愿服务如何体现本土化的特色依然面临较多挑战，一些相关议题仍需在未来的研究中探索，如服务内容的开展如何涉及本土临终民俗与丧葬文化；安宁疗护的本土化伦理议题如何在志愿服务中被关注与关照到；在医疗体制内附属于安宁疗护的志愿服务如何进行有效评价以及如何更加清晰地划分与社会工作专业服务的界限；等等。

（三）发挥社会工作者在跨学科安宁疗护专业团队中的作用

跨学科团队是安宁疗护中的重要一环，它不仅为临终患者提供全方位的专业照顾，也为患者家属提供多元化服务。跨学科团队的服务质量是临终患者生命质量与死亡质量的重要保障。值得一提的是，美国安宁疗护服务标准中规定跨学科团队成员必须包括医生、注册护士以及社会工作者，由此可见，社会工作者在提供安宁疗护专业服务中的作用已无法替代（Richman，1995：1358－1364）。

有学者指出，社会工作专业服务在临终关怀的跨学科团队中具有举足轻重的作用，社会工作服务水平越高，整个团队的运行功能越好（Dona，2013：193）。安宁疗护社会工作者在跨学科团队中能够协助多项工作的开展：协助告知“坏消息”，并告知实情；协助评估，尤其是整体性的，多维度、多系统的评估；重点评估案主内部与外部系统的优势与限制；协助回应案主提出的如“加速死亡”这样的迫切需求；同时，社会工作者还能够协助那些觉得难以应对临终患者的其他团队成员，并协助其他团队成员更有效地开展工作（Brandsen，2005）。

除此之外，在这个跨学科团队中，与其他成员与众不同的是，社会工作者除了提供专业服务外，还能够启动"全景模式"，捕捉来自其他团队成员的每条信息，再将这些信息进行有效整合；当跨学科团队成员出现意见冲突时，社会工作者则成为一名调解员（唐跃中等，2021）。

尽管如此，就目前我国安宁疗护医疗团队而言，社会工作者往往是缺位和不足的（陶秋荣等，2021）。因此，在安宁疗护专业化发展进程中，必须组建包括社会工作者在内的安宁疗护专业团队。更重要的是，在这个团队中，他们的角色能够得到认同，他们的话语能够有效表达，他们的专业工作能够得到肯定，只有这样，才能充分发挥他们在跨学科安宁疗护专业团队中的有效作用。

（四）开展安宁疗护社会工作研究

2005 年的《姑息医学杂志》上曾刊登一篇题为《安宁疗护社会工作研究的国家（美国）议事日程》（Kramer et al.，2005）的文章。该文章采用实证研究的方法，以全美安宁疗护领域中社会工作领袖为研究对象，呈现了安宁疗护社会工作应开展的优先研究议题，共包括 12 个研究主题(见表 2)。这是首个安宁疗护社会工作领域中相对权威的研究日程。尽管这一研究日程仅针对美国的状况，但它为其他国家提供了一个可以借鉴的范本——安宁疗护社会工作研究的推进应在国家层面上进行整合。

表 2　《安宁疗护社会工作研究的国家（美国）议事日程》的研究主题

研究主题	研究主题
照顾中的连续性、间隙、碎片、转变	个人与家庭照顾需求与经历
多样性与健康照顾的不对等	照顾质量
经费	决策
政策与实践的联结	哀伤辅导
精神健康问题与服务	疼痛与症状管理
沟通	课程

此外，无论是姑息医学还是安宁疗护，其知识体系呈现的都是一个交叉的学科与领域，研究层面的推进理应也是多学科、跨学科之间的合作。因此，

社会工作在研究议题上的推进，不仅对于自身学科的专业发展，而且对于未来跨学科研究日程也会起到重要推动作用。正如美国安宁疗护社会工作这一研究日程的提出，对敦促在接下来的一年中，美国安宁姑息医学协会（AAHPM）、安宁姑息护理协会（HPNA）以及安宁姑息照护社会工作网络（SWHPN）等跨学科组织共同发布的一项合作研究日程具有积极作用。

安宁疗护社会工作研究在中国的推进与安宁疗护的发展相契合。尤其在2016年中共中央、国务院发布《“健康中国2030”规划纲要》后，安宁疗护被纳入国家卫生发展战略中，安宁疗护社会工作领域的相关研究才随之有所增加，研究主要涉及个案干预（王圣莉，2018）、社会工作者的能力培养（许丽英等，2019）以及伦理困境（刘博等，2018）等议题。尽管如此，无论从理论研究到实务研究，还是从研究议题到研究方法，我国安宁疗护社会工作研究都尚处在起步阶段，缺少体系化的知识构建，专业化的推进急需研究的增质与增量。

（五）开展优逝、死亡、生命等相关议题的社会教育

社会教育在广义上指有意识地培养人，并使人身心和谐发展的各种社会活动；在狭义上是指由政府、公共团体或私人所设立的社会文化教育机构对社会全体成员所进行的有目的、有系统、有组织、独立的教育活动（侯怀银、张宏波，2007）。社会工作具有“倡导”的角色，这种“倡导”在某种程度上是一种社会教育的方式。

与安宁疗护相关的优逝①、尊严、死亡、生命等议题的民众认知水平，尤其是当下作为安宁疗护服务主体的老年人的认知水平，在较大程度上影响着开展安宁疗护专业活动的质量与效果。目前接受安宁疗护服务的绝大多数是老年人，在这一代人的“集体记忆”中，他们几乎没有接受关于安宁疗护的社会教育。因此，社会工作者在为临终患者提供临床服务时常常出现由双方在安宁疗护认知上不对等②而造成的个案工作被迫终止的情况。

---

① 优逝，英文为good death，是指临终者意识到并接受即将来临的死亡，且临终者能够妥善处理情感和物质层面的重要事情。

② 所谓“不对等”，是指在临床服务中，安宁疗护社工准备好开展个案服务，而患者却不知道何为“安宁疗护”。

教育从来不是一蹴而就的，而是一个漫长的知识内化的过程。以安宁疗护为主题的社会教育应该走进校园、走进社区、走上媒体，联合整个医疗团队及其专业人士为社会大众开展生命教育、死亡教育、安宁疗护的推广活动，针对每个代际的人群进行有差别的安宁疗护理念与价值的教育推广。有着专业理念与实践经验的社会工作者应成为安宁疗护社会教育的主力军。

（六）积极倡导和参与本土化安宁疗护福利政策与法规的制定

中国安宁疗护领域的政策在推行过程中，政策问题焦点主要集中在医疗保险、长期护理保险、服务体系和立法等多个方面，有待进一步去推动（吴玉苗等，2020）。社会工作对宏观社会层面的干预也主要着眼于福利、政策与法规制定过程中的影响。因此，安宁疗护社会工作所能做的本土化政策倡导可以有以下几个方面。

第一，推行安宁疗护保险制度。以美国安宁疗护服务为例，绝大多数安宁疗护机构中，无论是为患者提供的临床服务，还是为家属提供的 13 个月的哀伤辅导，在很大程度上，都已基本纳入个人、州政府或是联邦政府的医疗保险体制中。在临终患者经过专业评估后，社会工作者便会开始帮助他们处理各种与保险和法律相关的事宜（编辑部，2012）。然而，在我国当前医疗保险体制内，安宁疗护依然尚未纳入其中，能够真正享受到安宁疗护福利的人，实在是屈指可数。尽管如此，随着人们对临终生命质量提升的需求与社会福利体制的不断增加和完善，制定本土化安宁疗护保险细则必将提上日程。

第二，制定针对特殊人群的安宁疗护政策。由于中国较大的人口基数，相对而言，需要特殊服务的人群总绝对数远远超过其他国家。因此，针对特殊人群的安宁疗护也应纳入政府拟定政策的框架内。这些特殊人群包括运动神经元病患者（渐冻人）、艾滋病患者、精神残障人士等。值得一提的是，中国特色的“独生子女”人群，尤其是第一代独生子女的父母已经迈入老年人的行列。独生子女养老、送老、终老的议题将是影响中国亿万家庭生活质量的大事。因此，这一议题是中国社会无法回避的现实，也应引起政策制定者的关注。

第三，构建本土化的安宁疗护服务体系。构建本土化的安宁疗护服务体系是提升安宁疗护质量的重要保障。中国的安宁疗护模式起步于医院，经过多年的缓慢发展，现在已进入了一个多模式发展期，如综合医院临终病房模式、宁养院模式、社区医院模式和家庭病床模式（唐咏，2017）。值得关注的是，自2012年起，在上海政府推动下形成的“社区为本”的安宁疗护模式已初见成效，并成为国内安宁疗护深入社区、走向居家的典范。

由于安宁疗护在中国开展时会受到城乡差异、地域性差异、宗教文化多样性、传统民俗多样性等因素影响，因此，在构建本土化安宁疗护服务体系时这些重要因素不能忽视。

第四，建立姑息与安宁疗护国家与地区研究机构和数据库。在科技发展到“大数据与云计算”时代的今天，对在任何领域开展的研究都提出了更大的挑战。国家层面或省市层面成立研究机构与建立相应的数据库为全面掌握安宁疗护发展的一手权威数据提供保障，也让这一领域的研究迈向更加科学化与规范化的道路。只有当研究紧跟安宁疗护发展整体步伐时，才能提出相应可行的发展与应对策略。

三 迈向“普遍承认”之路的中国安宁疗护社会工作

事实上，安宁疗护社会工作专业化发展水平首先取决于安宁疗护这一特殊医疗卫生领域在中国的专业化推进与发展。中国安宁疗护的发展经历了从20世纪80年代到2016年的缓慢发展期，再到2016年《“健康中国2030”规划纲要》发布后的快速攀升期。这期间，社会工作介入这一过程的专业实践，同样以《“健康中国2030”规划纲要》为分界。在“健康中国”背景下，中国安宁疗护专业化发展对社会工作服务的专业化发展提出了更高的要求，例如，2020年，上海率先在全国出台地方规范，即《上海市安宁疗护服务规范》，该规范中明确了社会工作者是除医生、护士以外最为重要的安宁疗护服务提供者，并阐明了其服务内容。

负责协调患者及家属与医护人员的沟通；参与医护团队的常规查房和病例讨论；为患者及家属提供人文关怀，帮助患者尽可能实现临终愿望；开展对患者及家属的生命教育，协助组织召开家庭会议；协助磋商与疾病相关的家庭问题；协助患者及家属申请其他公共服务，如申请医疗保险、贫困经济补助等；对家属开展哀伤辅导；指导和培训志愿者等。

正如前文所述，社会工作者在提供这些专业服务时不得不面对诸如知识体系本土建构、实务模式探索、评估与研究推进等的困境。然而，正是在这些困境和挑战之中，同样蕴藏着社会工作专业化发展的机遇。

社会工作的专业化是一个动态的实践过程（柴定红、熊贵彬，2009），这一过程是一条从专业的“自我承认”走向国家的“实质承认”，再到社会的“普遍承认”之路（周冬霞、慈勤英，2015）。综合前文的论述，安宁疗护社会工作可以从以下几个方面尝试迈向这条所谓的“普遍承认”之路。首先，提升安宁疗护社会工作的专业核心竞争力可以通过确定伦理与价值、形成专业知识体系与服务技巧、制定实务标准以及开展研究、提供教育培训与形成专业组织等路径来推进；其次，安宁疗护社会工作者通过参与跨学科团队合作和参与机构外的合作来提升其组织层面的专业认同；最后，安宁疗护社会工作者可以专业行动来影响政策、福利与法律的制定，让社会工作者获得制度上，如岗位设置等的保障，以达到社会层面的专业认同（见图 1）。

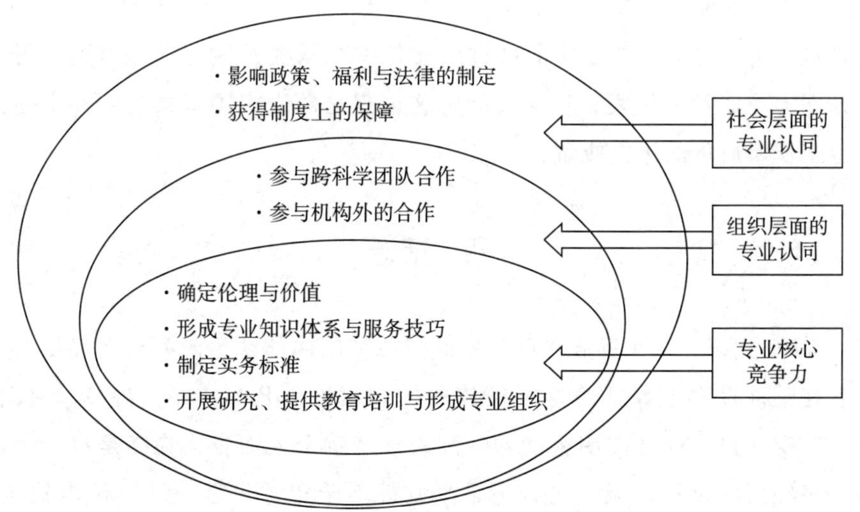

图 1　安宁疗护社会工作专业化发展路径

由此可见，在中国，安宁疗护社会工作可以通过专业核心竞争力、组织层面的专业认同以及社会层面的专业认同三个方面的整合推进专业化发展，以达到助推《“健康中国2030”规划纲要》中的安宁疗护事业发展目的，更好地应对中国老龄化社会的到来。

值得一提的是，安宁疗护社会工作专业化发展过程亦离不开“中国语境”的适应性本土化发展。社会工作本土化的实质是来自西方的社会工作知识体系与具有历史文化积淀的本土情境两者之间的沟通交流（郑文换，2021）。无论是作为一个特殊医疗卫生服务领域的安宁疗护，还是当代社会福利体制下的社会工作，都需要以不同于西方的发展轨迹“嵌入”中国本土生活世界的体验和文化价值观念中，并与其产生“对话”。本文在论述构建安宁疗护社会工作专业化发展路径过程中，不但强调了在社会工作专业化发展中增加安宁疗护本土化的元素，而且关注到了在安宁疗护本土化研究中结合社会工作研究范式与方法，以实现真正向中国安宁疗护社会工作的“专业化”之路迈进。

综上所述，本文不仅梳理了从微观层面到宏观层面安宁疗护社会工作专业化建设的推进路径，而且强调了在专业化建设中又需兼顾本土化特征。显而易见的是，在当下安宁疗护社会工作发展的起步阶段，我们在谈到专业化建设的时候，一方面，不仅仅是指“专业化”，而且蕴含着“本土化”的推进；另一方面，专业化的推进路径是一个从提升核心竞争力到获得专业认同地位的发展历程，毫无疑问，这也正是健康中国背景下，安宁疗护社会工作所肩负的历史使命。

四 结语

WHO提出，一个民族在可利用的资源范围内能够给濒死患者提供的关怀，在某种程度上象征着这个民族的文明程度（Robertson，2010）。换言之，安宁疗护是社会文明程度的一种表现。就个人而言，临终是每个生命都必将经历的过程，无论患者还是家属都不希望它只是一场“说走就走”的“旅行”，而更希望是一段有准备、有质量、充满爱的“归程”。作为安宁疗护跨学科团队中重要一员的社会工作者，理应以专业化的实践服务肩负提升安宁疗护服务质量的责任，唯有如此，才能真正使"老有善终"不再遥遥无期。

参考文献

编辑部，2012，《世界医学协会临终医疗服务声明》，《中国全科医学》第1期。

柴定红、熊贵彬，2009，《社会工作专业化的一种理论解释》，《中国青年政治学院学报》第1期。

程明明，2017，《美国临终关怀社会工作实务标准的历史演变与专业启示》，《重庆工商大学学报》（社会科学版）第3期。

程明明、Mona Schatz，2015，《善终的"多面手"：美国临终关怀社会工作者专业角色研究——兼论对我国临终关怀社会工作专业服务的启示》，载王思斌主编《中国社会工作研究》第十三辑，北京：社会科学文献出版社。

侯怀银、张宏波，2007，《"社会教育"解读》，《教育学报》第4期。

凯瑟琳·麦金尼斯-迪特里克，2008，《老年社会工作：生理、心理及社会方面的评估与干预》（第二版），隋玉杰译，北京：中国人民大学出版社。

刘博、佟欣、刘学凯，2018，《本土化老年临终关怀服务社会工作介入的伦理困境再审视》，《中国医学伦理学》第6期。

唐咏，2017，《我国城市老年人临终关怀服务体系发展现状及对策》，《中华医学杂志》第3期。

唐跃中、徐东浩、程明明、周大双、虞智杰、陈雯，2021，《全科医学安宁疗护多专业团队服务模式构建及效果研究》，《中国全科医学》第22期。

陶秋荣、吴玉苗、李颖、程明明，2021，《跨学科合作模型在安宁疗护团队中的应用成效研究》，《医学与哲学》第4期。

王健，2010，《社会工作"案主自决"原则在中国本土实践中的困境》，《社会工作》（下半月）第3期。

王京娥、康宗林，2014，《晚期癌症患者宁养疗护与伦理》，《医学与哲学》（B）第5期。

王圣莉，2018，《癌症患者临终关怀的社会工作探索——以肺癌晚期患者为例》，《医学与哲学》（A）第7期。

王素明、王志中，2018，《灵性照顾在晚期癌症病人临终关怀中的应用》，《中国社会医学杂志》第1期。

文军、吕洁琼，2018，《社会工作专业化：何以可能，何以可为?》，《河北学刊》第4期。

吴玉苗、奉典旭、徐东浩、周大双、毛懿雯、施永兴，2020，《中国安宁疗护服务政策演变与发展》，《医学与哲学》第14期。

许丽英、翁智超、莫楠，2019，《论临终关怀社会工作核心能力的培养——基于实习与督导的反思》，《中国医学伦理学》第9期。

张鹏，2016，《中国的伦理文化与临终关怀》，《医学与哲学》（A）第12期。

赵芳，2015，《社会工作专业化的内涵、实质及其路径选择》，《社会科学》第8期。

郑文换，2021，《社会工作本土化何以可能？——实践哲学的视域》，《社会建设》第4期。

中国抗癌协会癌症康复与姑息治疗专业委员会译，2008，《姑息治疗：癌症控制——从理论到行动（世界卫生组织行动规划指南）》，北京：中国协和医科大学出版社。

周冬霞、慈勤英，2015，《专业化：社会工作获得“承认”的必由之路》，《中国劳动关系学院学报》第1期。

朱正刚、周阳、陈燕，2015，《中国传统伦理文化对临终关怀照护的影响》，《中国老年学杂志》第21期。

Altilio, T. & Otis-Green, S. 2011. *Oxford Textbook of Palliative Social Work.* New York: Oxford University Press.

Brandsen, Cheryl K. 2005. "Social Work and End-of-Life Care." *Journal of Social Work in End-of-Life & Palliative Care* 1 (2): 45 – 70.

Cagle, J. G., Munn, J. C., Hong, S., Clifford, M., & Zimmerman, S. 2015. "Validation of the Quality of Dying-Hospice Scale." *Journal of Pain and Symptom Management* 49 (2): 265 – 276.

Carson, V. 1989. *Spiritual Dimensions of Nursing Practice.* Philadelphia: WB Sounders.

Csikai, E. & Bass, K. 2001. "Health Care Social Workers' Views of Ethical Issues, Practice, and Policy in End-of-Life Care." *Social Work in Health Care* 32 (2): 1 – 22.

Csikai, E., Roth, S., & Moore, C. 2004. "Ethical Problems in End-of-Life Care Decision Making Faced by Oncology Social Workers and the Need for Practice Guidelines." *Journal of Psychosocial Oncology* 22 (1): 1 – 18.

Dona, J. R. 2013. *Hospice Social Work.* New York: Columbia University Press.

Engelberg, R. A., Downey, L., Wenrich, M. D., Carline, J. D., Silvestri, G. A., & Dotolo, D. et al. 2010. "Measuring the Quality of End-of-Life Care." *Journal of Pain and Symptom Management* 39 (6): 951 – 971.

Fleming, D. A. & Hagan, J. C. 2010. *Care of the Dying Patient.* Columbia: University of Missouri Press.

Kramer, B. J., Christ, G. H., Bern-Klug, M., & Francoeur, R. B. 2005. "A National Agenda for Social Work Research in Palliative and End-of-Life Care." *Journal of Palliative Medicine* 8 (2): 418 - 431.

Miyashita, M., Morita, T., Sato, K., Hirai, K., Shima, Y., & Uchitomi, Y. 2008. "Good Death Inventory: A Measure for Evaluating Good Death from the Bereaved Family Member's Perspective." *Journal of Pain and Symptom Management* 35 (5): 486 - 498.

Reese, D., M. Rayer, S. Orloff, S. Gerbino, R. Valade, S. Dawson, C. Butler, M. Wise-Wrightand, & R. Huber. 2006. "The Social Work Assessment Tool (SWAT): Developed by the Social Worker Section of the National Council of Hospice and Palliative Professionals, National Hospice and Palliative Care Organization." *Journal of Social Work in End-of-Life and Palliative Care* 2 (2): 65 - 95.

Richman, J. M. 1995. "Hospice." In Edwards, Richard L. (ed.), *The Encyclopedia of Social Work* (Nineteenth edition). Washington, DC: NASW Press.

Robertson, M. 2010. "Social Work in End-of-Life and Palliative Care-By Margaret Reith and Malcolm Payne." *International Journal of Social Welfare* 19 (1): 124 - 125.

家文化下社区矫正社会工作的本土实践模式研究*

杨彩云　王　璐**

摘　要　社区矫正社会工作是社会工作的重要领域。由于中西社会结构之异，起源于西方的社会工作理论模式对本土情境下的问题解决效能受限，亟须构建更适合我国家文化传统的社区矫正社会工作本土实践模式。该模式以家庭驱动为本，以家文化为问题分析视角与服务指导理念，将社区矫正对象的问题置于传统家文化脉络及其自身生活世界之中，联结社会工作诸要素，以社会工作三大方法为实践载体，通过培育家庭团结和家庭驱动力促进社区矫正对象情绪、认知和行为的改变，以期实现其再社会化的长效目标。

关键词　家文化　社区矫正社会工作　家庭驱动

社区矫正社会工作是社会工作的重要领域。近年来，我国社区矫正社会工作在实践中获得了长足发展。在此过程中，社区矫正社会工作不断学

* 本文系国家社会科学基金青年项目“中国循证社会工作本土知识体系及其应用研究”(20CSH087）和上海市哲学社会科学青年项目“高质量发展背景下我国社区矫正社会工作的本土化研究”（2022ESH006）的阶段性成果。

** 杨彩云，上海师范大学社会学系副教授，博士，主要研究方向为社会工作理论与实践；王璐，上海师范大学社会工作硕士研究生，主要研究方向为社区矫正社会工作。

习、借鉴西方矫正理念与方法，证实了循证矫正模式（郭伟和，2017）和优势视角（张坤，2011）对中国社区矫正实践的有效性。但对西方理论范式的直接迁移或简单重塑的发展理路在一定程度上忽略了知识生产的文化土壤。由于中西方文化的差异性，起源于西方的社会工作在移植到本土情境时出现了水土不服现象（卫小将、李喆、苗艳梅，2008），对本土情境下的问题解决效能受限。由此，亟须构建更符合中国人行为逻辑与需求的本土理论模式以促进中国社会工作的良性发展。诸多学者认为本土思想资源（何雪松，2009）和传统文化（陆士桢、王志伟，2020）对本土社会工作的发展具有重要的理论与实践价值。其中，家文化是我国传统文化的核心要义。我国社区矫正社会工作在实践中积极运用家文化思想应对社区矫正对象及其家庭的特殊问题，开展了诸多专业服务，形成了相应的实务经验与技巧。但由于缺乏整合性实践模式的指导，家文化在其中的运用呈现介入碎片化与片面化、服务表面化与形式化的特点。而在社会工作实践模式的构建中，学术界对这些本土性实务经验和实践智慧的整合性提炼及对问题的回应相对滞后，部分模式局限于西方理论指导下的框架构建而忽视本土文化的应用价值，部分模式则停留于对一线实践的简单总结而未发展出普适性的实践模式。

基于此，本研究试图以家文化为指导思想，从社区矫正对象的生活空间——社会结构与家庭结构出发，厘清中西文化之异，在对S市相关实务案例和社工访谈进行系统性整合与反思的基础上，联结社会工作诸要素，构建家文化下社区矫正社会工作的本土实践模式，以丰富本土社区矫正社会工作实践模式，并为一线社会工作者提供实践指引。

一 中西社会结构之异："家"核心地位的确立

不同社会结构和文化脉络下个体的思维逻辑和行为方式不同是本研究的逻辑起点。源于西方的社会工作无论是其价值体系、理论体系还是实务操作都体现着西方的社会文化和社会结构特征，即更注重个体及个体与社会的关系而忽视家庭的地位与作用。因此，构建符合本土需求、体现本土文化特色的实践模式需要厘清中西社会结构和文化的差异，立足本土社会文化情境及群体思想观念和行为取向，并以此为背景呈现中国家文化影响下的个体和家庭的独特需求。

（一）社会结构之异：两极模式与三级模式

我国社会结构与西方社会结构有着本质差异。西方社会是典型的“个人－社会”两极模式社会结构，而中国是“个人－家庭－社会”三级模式（笑思，2001）。梁漱溟（2011：77）在其著作中也提到“团体与个人，在西洋俨然两个实体，而家庭几若为虚位”。这样的社会结构模式影响了其社会观念，规定着他们谈论、分析人类事物的方式（田毅鹏、刘杰，2008）。因此，西方社会工作的服务对象更多的是个体和社会，服务目标在于个体发展和社会进步，其理论的划分也是从“个体－社会”角度出发（何雪松，2017：12～16）。

中国社会呈现“个人－家庭－社会”三级模式，“修身齐家治国平天下”表达出这种模式的精髓。家文化是中国传统文化的核心，以其超强的渗透力影响着个体和社会的各个层面。由家庭关系延展出的各类伦理关系是中国组织社会的形式，以自然人伦为基础，延伸出了经济、政治组织结构和道德准则，便形成了伦理本位的社会（吴志航，2018）。在这种社会结构下，家庭于个人而言不仅仅是住所，更是人生的出发点与最终归宿，扎根于家才会感受到生而为人的意义（陶宇、朱晓玙，2018），是个体生活运作的核心，受家文化影响的个体也就具有了与西方不同的价值与行为取向。

（二）家庭结构之异：民主平等与伦理秩序

文化是影响社会结构和社会成员的重要因素。西方社会在平等、博爱的宗教思想影响下形成了民主平等的家庭结构，而中国家庭受伦理为本的儒家思想影响形成了注重伦理秩序的家庭结构。具体而言，中西家庭结构差异体现在家庭秩序、家庭关系和家庭沟通上。

在家庭秩序上，西方民主平等的家庭氛围使家庭成员间独立、平等，每个成员可以表达自己的意见，成员间共商共策；而中国家庭则形成了相对严格的权力关系和等级秩序，即“父慈子孝、兄友弟恭”“夫妇有别、长幼有序”，家庭中的重大事项和重大决定多由长辈掌权，代际有辈分之分，而同辈之间又长幼有序。在家庭关系上，西方家庭关系以平等为基础，以夫妻关系为主轴，而中国家庭则是基于伦理本位的亲情关系，以亲子关系为主；在家庭外部关系上，西方家庭成员较多由个体出发向外扩展各类社会关系，而以家庭为单位向外延伸的关系较少，中国家庭则会更加注重向外延伸的家族关系、亲缘关系等社会关系。在家庭沟通上，中西方家庭最大的差异在于开放而平等的沟通和含蓄而内敛的表达。西方家庭鼓励家庭成员公开表达自己真实的情感与意见，家庭成员间的沟通充分而畅通；中国家庭则会在“礼”的约束下克制自己的情感表达，在等级观念的影响下不轻易表达意见。

（三）家庭观念之异：个体本位与家庭本位

在家庭观念差异中，西方家庭基于平等与独立形成了以个体为本的家庭观念，而中国家庭基于伦理形成了以家庭为本的价值取向。西方文化里注重“个体”，主张个体的存在，强调个体的权利与独立的精神（李颜苗、梁翀，2005），不必囿于家庭。而在中国文化的影响下，家庭在社会中占据重要地位。日常生活中人们重视亲情，重视家庭和谐与完整，重视家庭成就。家庭作为不可分割的部分，个体选择以“家”为最终的目的和归宿，家庭是考虑问题的重要因素；个体行为与家庭甚至家族紧密相关，个人评价优劣关乎家风；而对家庭建设的重视则衍生出了内涵丰富的家书、家训、家规等规训文化。

虽然随着社会发展与变迁，社会文化价值观的变化呈现个体主义上升，集体主义在很多方面不断衰落的趋势（蔡华俭等，2020），且我国家庭结构与家庭观念在西方文化以及现代思想的影响下也出现嬗变，但绵延千年的家文化仍然在当代家庭中有着潜移默化的影响。一些传统家文化元素（如对家庭、亲情、关系的重视，孝亲敬祖等）依旧影响着个体的思维逻辑与行为方式，构建了我国独特的社会与家庭图式。

二　家文化的内涵及其实践指引性

传统文化是社区矫正社会工作本土化的重要思想来源。家文化在我国数千年的人民生活实践中形成，根植于本土情境且体现着我国人民的价值理念与行为逻辑。而个体在社会化过程中对此加以内化并生成自身价值体系与行为取向。在此意义上，家文化与个体是互构且契合的。因此，以家文化为指导思想，解决社区矫正对象的问题与需求，重视其家庭和谐与发展，顺应他们重视家庭、家本位的思想观念，符合社区矫正对象及其家人对社区矫正的期待，有利于促进其家庭团结，从而以家庭为驱动力促使社区矫正对象改变。家文化的丰富内涵与实践指引性是构建社区矫正社会工作本土实践模式的思想基础。

（一）家文化内涵及构成体系

家文化是中国传统文化的重要组成部分，梁启超、冯友兰等人都指出了“家文化”在中国传统文化中的根基与支配作用（储小平，2003）。家文化是依附于“家”而发展起来的物质文化与精神文化的总和，是以血缘、地缘、亲缘关系为基础而形成的以家庭（家族）意识为中心的种种制度、行为、观念和心态，包括家庭结构、家庭观念和家庭伦理三大要素（戴烽，2008）。因此，依附于“家”而发展、延伸出的重家族和重血缘的家庭伦理本位思想（赵玉华，2003）、孝文化和家训文化（陈延斌，1996）、集体主义奉献精神（南宏宇，2020）、和合文化构成了我国家文化的思想体系。

就其具体内涵而言，孝文化有着祭祖祈福、传宗接代、善事父母、孝老忠君乃至全德多重含义（郭清香，2017）；养文化则指夫妻间的相互扶养和长辈对晚辈的抚育；和合文化是指人与自然和谐，人与人之间和睦、团结、包容与谅解，个体的身心之和与人格完善（陈立旭，2018）；以“家”为核心的集体主义文化和伦理本位则指家庭在社会结构与个体中的核心地位、个体对家庭的责任与义务（刘霞，2016）以及家庭成员间的关怀伦理。

（二）家文化的实践指引性

家文化对社区矫正对象及其家庭的修复与重塑具有实践指引性。研究表明家文化在个体价值观培育（崔志胜，2020）、公民教育（刘霞，2016）乃至优良家风培塑（陈姝瑾、陈延斌，2021）中具有重要作用，其主要通过伦理性规范、潜移默化影响等方式在形塑家庭结构与文化、个体思想观念与行为中发挥作用。由此，家文化可以作为社会工作者服务社区矫正对象的指导思想。同时它也体现在其指引社会工作者以新的视角对社区矫正对象的问题进行归因，如家文化中的落后部分可能是社区矫正对象及其家庭问题的建构者。至此，家文化既是社会工作服务的指导理念也是问题分析视角，其实践指引性将贯穿于社会工作服务全过程。

同时，家文化的实践指引性也通过其功能性体现出来，并使之与社区矫正社会工作相融合。社区矫正最终目标是促进社区矫正对象顺利回归社会，实现再社会化，其根本立足点在于对社区矫正对象思想观念和价值体系的重塑。家庭作为个体社会化的起点，也是个体教养、道德发展的起点，是促进社区矫正对象改变的重要参与者与核心驱动力。我国家文化中蕴含着大量引导个体价值观念和约束个体行为的论辩，以及家风培育、家庭建设的思想，这赋予了家文化的实践指引性以精神内核，并使其具有引领、教育与约束功能，使之与社区矫正社会工作深度融合，从而成为本土实践模式构建的理论指导与思想基础。

三 家文化下社区矫正社会工作的本土实践：经验与困境

既有关于家文化下社区矫正社会工作的丰富实践是构建实践模式的现实基础。尽管当前家文化在矫正社会工作中的运用存在碎片化、介入不足等问题，但这并不妨碍研究者在众多相关实践中探寻家文化在社区矫正社会工作中的运作逻辑，对已有实务进行整合与呈现，形成较为完整的本土社区矫正社会工作实践模式。基于对S市大量一线社工的实务案例、服务记录及访谈资料的分析，笔者从问题界定、实务运作、现实困境三个方面，勾勒我国家文化下社区矫正社会工作的实践图景。

（一）社区矫正对象及其家庭的独特问题

总体而言，在传统家文化的影响下，社区矫正对象及其家庭呈现以下特征和问题。一是个体重视家庭，以“家”为核心的集体主义下个体行为与家门家风紧密相连，这导致社区矫正对象既渴望家庭的接纳与支持，也因自己的偏差行为为家庭甚至家族“抹黑”而承受更大的压力。

社区矫正对象还是比较现实的，他们的需求主要集中在怎么跟家里人处理好家庭关系，比如说他本来是在监狱服刑的，现在回到社区之后发现跟妻子关系比较紧张，希望能够调解家庭矛盾。(访谈社工 SG07)

从她父母的角度来说，老老实实一辈子，现在出去被人家指指点点，说他女儿犯罪了什么的，感觉就是清白了一辈子，又因为女儿的错背了个污点，她父母在家里面也总是唠叨她这个事情。(访谈社工 SG01)

二是由于我国家文化中对伦理本位思想和等级秩序的强调，社区矫正对象的偏差行为与错误价值观可能由家庭教养极端化和家庭秩序过度强调引起，这种问题通常表现为家庭沟通不畅、家庭关系固着以及家庭结构畸形。

三是我国家文化中的家族取向，由血缘关系向外延伸形成了多样而复杂的代际关系和同辈关系，且在伦理秩序下诸多家庭关系的维持或结束不以个体意志为转移，这就导致社区矫正对象存在家庭关系多样化、复杂化的独特问题。

我们有一个社区矫正对象，是混迹社会的，就跟他家庭有关系。他父亲对他教养非常严格，经常用打来教训他，这种管教方式非常暴力。但是他的母亲对他非常宽容，可能是他爸打得太狠了，（他的母亲）就对他非常保护。这种迥然不同又极端的教养方式，造成了他很多的问题。(访谈社工 SG02)

社区矫正对象Z某因某些原因与大哥一家一起居住。大哥突然去世后，其与大嫂双方因房屋归属权问题发生激烈冲突。两三年前Z某父母相继去世后，姑嫂二人又因为房屋承租权过户问题而产生激烈纠纷，紧张的姑嫂关系让服务对象相当苦恼，严重影响了她在矫正期间的状态。(个案服务记录 G01)

（二）家文化在实务中的运用

在当前社区矫正社会工作实务中，社会工作者针对社区矫正对象的以上问题进行了介入与回应。这些服务可以被概括为“锦上添花”式的发展性服务和“雪中送炭”式的修复性服务两大类。

“锦上添花”是指在矫正过程中，社会工作者为社区矫正对象及其家庭开展家庭意识强化和家庭能力提升的服务。此时社会工作者的介入基于社区矫正对象拥有较好的家庭基础，能够为其顺利完成矫正任务提供较为积极的矫正环境。在此情境下，社会工作者对社区矫正对象提出了更高的要求，由承担“小家”责任扩展到对“大家”即社会责任的体认与承担，以培育其社会责任感和社会意识为主要目标。

S市Y区工作点自2016年以来为社区矫正对象设计了“老吾老及人之老，幼吾幼及人之幼”系列活动，旨在传承中华优秀传统文化的同时，提高社区矫正对象的社区参与程度，增强其社会责任意识。“老吾老”系列活动主要在中华传统节日之际，社区矫正对象通过举办活动与社区老人一同度过；在“幼吾幼”系列活动中，主要组织社区矫正对象及其孩子为“阳光之家”的儿童提供陪伴服务，或者为弱势青少年群体送温暖、送关心、送法治，并定期开展亲子活动，以培养其对社会的关爱与责任意识。（实务项目记录F04）

而就其家庭或家庭成员的介入，则以致力于将其家庭转化为社区矫正对象的支持性力量为着力点。这一支持力的构建根据社区矫正对象家庭的特征而呈现不同形式与不同程度的参与，如在传统节日（中秋节、重阳节等）中以巩固家庭关系、增强家庭凝聚力为目的的联合式参与；以专业服务方法来优化社区矫正对象家庭沟通方式、营造温暖和谐家庭氛围等为目的的治疗性参与；通过教授社区矫正对象家庭成员专业方法或技巧，以促使其成为家人在矫正过程中有益支持力量为目的的教育性深度参与。

社区矫正对象史某在矫正期间一直担心其家庭对她不接纳，并产生了焦虑情绪。社会工作者和其丈夫进行了沟通，强调家庭在矫正工作中的作用和责任，让他知道对于女性社区矫正对象，丈夫和家人的支持能让她安心接受矫正，给予其重新生活的力量，希望丈夫能发挥

> 自身的力量，与史某共渡难关。在矫正期间，家人的接纳和良好的家庭支持系统使史某在心理上感到安心、稳定，无后顾之忧地接受社区矫正，以积极的心态面对以后的生活。（个案服务记录 G02）

此外，社会工作者还为社区矫正对象的未成年子女提供关爱服务，为其家庭提供就业咨询、培训等服务。这些预防性、发展性服务能够为社区矫正对象创造健康和睦的家庭环境，将家庭转化为促进其改变的驱动力，并推动矫正目标的实现。

> M区社会工作者经调查发现，辖区内部分困难家庭青少年群体因父母双方或一方被处强制隔离戒毒或服刑在教，出现了无人监护或监护弱化的问题，导致他们在生活、学习、心理、个人成长上陷入困境，极易出现行为偏差、心理失衡现象，甚至走上违法犯罪道路。为预防这些问题，M区社区矫正社会工作者设计了一系列针对困境家庭青少年群体及其家长的活动，包括青少年学业辅导、家庭关怀辅导、心理健康讲座、专业心理咨询、针对青少年和家长的心理团康活动以及亲子户外拓展活动。这些活动在改善青少年群体心理、认知和行为问题，促进家庭关系尤其是亲子关系和谐，促进家庭功能恢复，以及降低青少年违法犯罪率，维护社会和谐稳定上发挥了重要作用。（实务项目记录 F01）

“雪中送炭”则指社会工作者基于社区矫正对象及其家庭面临的困难与问题开展以家庭关系修复和个体认知重塑为主的相关服务，以促进社区矫正对象顺利回归社会。在家庭关系修复服务中，以对女性社区矫正对象的介入最为突出，她们面对着传统性别观念以及传统家文化中女性角色规范的固着，犯罪经历加剧了其在家庭中的不利地位和家庭关系的恶化，导致一系列家庭矛盾。社会工作者基于实务中女性社区矫正对象的特殊性将家庭关系恢复、社会关系改善作为介入重点，体现了社会工作者在实务中的文化敏感性，同时也反映出我国家文化中的一些落后固有观念对家庭和个体的消极影响。

> S市B区站点的社会工作者在实践中发现，女性社区矫正对象在违法犯罪后，在家庭中面临家庭地位低，夫妻关系、亲子关系、婆媳关系恶化等问题；在社区中面临他人的指指点点，不被社区接纳等问题。对于外来女性社区矫正对象而言，这些问题更严重。因此，"绽美"女性工作室的社会工作者通过系列小组活动帮助她们确定自己在家庭中的角色，理智处理家庭问题，学习家庭沟通技巧；开展亲子活动，并将传统文化运用其中，促进了家庭沟通和家庭关系和谐。同时通过"艺工坊"系列活动培养女性社区矫正对象的一技之长，改变她们在社区居民中的认知，以融入社会，改善社会关系。（实务项目记录 F02）

在针对个体认知重塑的服务中，社会工作者大多以我国家书、家训等为载体的规训文化为指导思想，发挥传统家文化对个体行为与观念的约束与指引作用，达到改变社区矫正对象认知与行为的目标。

> S市P区工作点的社区矫正社会工作者对本区域社区矫正对象构成人群特征分析发现，社区矫正对象中经济类犯罪占比较高，且逐年上升。他们大多缺乏法律意识与诚信意识，情绪管理能力亟待提升，由犯罪经历导致的社会地位、家庭生活水平的落差也影响了其家庭和谐。对此，社会工作者将家书文化融入矫正工作中，运用读家书、习书法、写家信等国学教育形式，发挥优秀家书的示范效应，挖掘社区矫正对象自我改变、自我发展的潜能，促进其重塑价值观，培养其社会责任感。同时在传统文化的熏陶中使他们逐步学会情绪管理，学会与家人沟通，培养兴趣爱好，达到修身养性的目的，促进社区矫正的顺利开展。（实务项目记录 F03）

（三）家文化在实务中的现实困境

家文化的内涵是丰富多元的，但在既有实务中由于社区矫正社会工作者对家文化内涵的把握不足，或由于家文化中部分内容的落后性及其对社会观念影响的根深蒂固，社会工作者在实践中也面临诸多困境。主要表现为社区矫正对象及其家庭的文化阻抗和社区矫正社会工作者的介入不足。

文化阻抗主要表现在以下两个方面。一是家文化下的“进场难”问题。中国家庭具有封闭性与整体性的特点，社会工作者对其而言是“外人”，自家的事情不容外人插手。这些观念无疑阻碍了社会工作者为其开展专业服务的进程。二是家庭等级秩序下家庭权威者的地位削弱了社会工作者介入其家庭的顺利程度和专业服务地位。尤其当家庭“守门人”排斥社会工作者进入时便会加剧进入家庭的难度。同样，当权威者角色在介入过程中施加影响或过于强调等级秩序时，也会影响到专业服务顺利进行。

> 也不是所有的人都愿意把夫妻问题什么的告诉你，有时候会涉及隐私，有的人愿意说，有的人就会有保留，而且有保留的人比较多。接触下来，大部分女性对象告诉你的都是相对好一点的，或者就是关系已经非常非常差了，她不在乎有矛盾什么的就会说出来。部分人就觉得只是普通矛盾，她觉得是正常的，就不太愿意说，家丑不可外扬嘛。(访谈社工 SG03)

> 社区矫正对象田某对社会工作的服务存在质疑和抵触，甚至在妻子去参加社工开展的关爱子女活动后大骂妻子，还专门去证实活动的真实性和社工身份。(个案服务记录 G03)

介入不足主要表现为社会工作者在家文化实践中的缺位及服务的表面化与形式化。缺位体现为社会工作者没有意识到家文化可能是社区矫正对象问题的建构者，也没有意识到家文化可以成为社区矫正对象问题解决的指导思想。社会工作者文化敏感性与文化自觉性的缺失是导致其介入不足的根本原因。服务表面化与形式化则是指社会工作者对家文化“有意或无意”的运用导致家文化在社会工作服务过程中更大的有用性与可能性被忽视，抑或由于时间和能力受限，只是对家庭进行了简单、非系统性的介入，并未触及问题根源。如“家和万事兴”是社会工作者在处理家庭矛盾时常用的话术，但实务工作者不仅要在实务中用简单的俗语达到劝说的目的，而且要深究这些俗语等语言深处的思想内核与行为导向，并对之进行社会工作实践操作化和方法化，将家文化思想浸润于服务全过程。

四　家庭驱动为本：社区矫正社会工作的本土实践模式构建

社区矫正社会工作的本土实践体现了社区矫正对象家庭的驱动作用。社会工作者着眼于家庭，以家庭之力促进社区矫正任务的完成与社区矫正对象的改变。家文化的诸多核心思想也体现着“家”的核心性与重要性。由此，构建以家庭驱动为本的社区矫正社会工作本土实践模式成为可能：将社区矫正对象的问题置于家文化脉络及自身家庭环境和生活经历之中，以家文化为问题分析视角与服务指导理念，聚焦家文化下社区矫正对象及其家庭的独特问题与需要，以社会工作方法为实践载体，从实务原则、实务技巧、服务内容以及社会工作者的能力要素四个方面，构建“家庭驱动为本”的社区矫正社会工作本土实践模式（见图 1）。

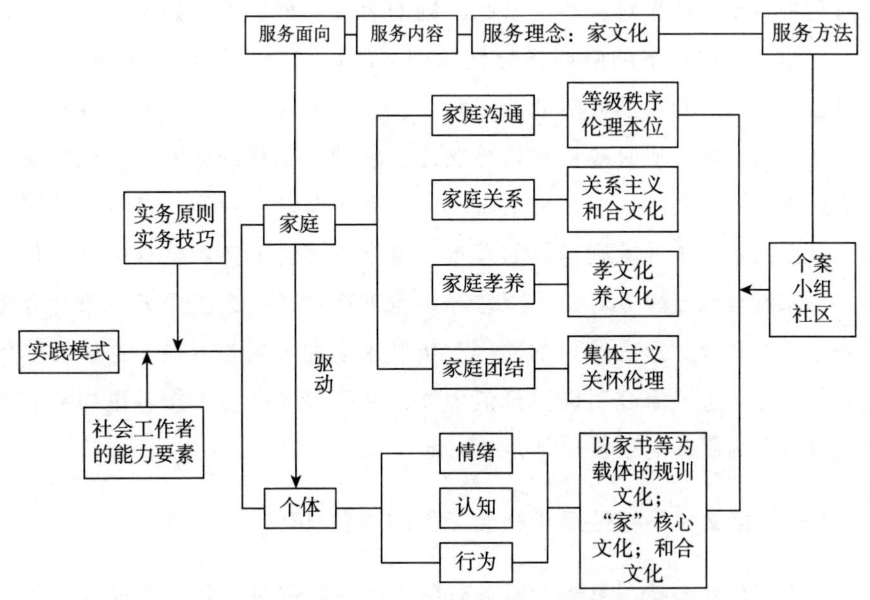

图 1　家文化下社区矫正社会工作的本土实践模式

（一）家庭驱动：家文化下社区矫正社会工作实践的核心机制

家庭驱动是本模式的核心理念与机制。家庭驱动为本意味着在实践中社区矫正社会工作者以辨识、评估、修复、重建、使用其家庭驱动力为服务切入点，目的在于培育家庭团结，进而促使社区矫正对象通过体认和汲取这种驱动力实现个体的再社会化和家庭功能的恢复。它不仅体现在和谐而团结的家庭是社区矫正对象改变的支持来源，也体现在社区矫正对象“家本位”思想下对家庭的责任与期待引发的其自身的改变。相应地，其生成机制也在于家庭责任感的再生产和家庭团结的培育。

（二）家文化下社区矫正社会工作的服务原则

西方社会工作受宗教思想和个人主义思潮的影响，发展出一套对案主的接纳、保密、非评判、知情同意等基本原则。在遵循以上基本原则的基础上，家文化下社区矫正社会工作者还应遵守的具体原则包括以下四点。一是对家文化的取精弃糟原则，对社区矫正对象及其家庭中传统陈旧观念的甄别适当介入与引导。二是问题导向下的家庭个别化原则，即在服务开展过程中对社区矫正对象独特家庭问题的表现及根源的个别化、个性化分析。三是家庭抗拒下的解释指导性原则，即在家庭封闭与排斥的情况下，对社会工作这一专业助人活动的解释以及介入过程中对各种专业技巧和方法的解释与指导，适时解释与指导既能体现社会工作的专业性，也能保证服务效果的顺利实现。四是灵活融入下的尊重与顺应原则。尊重与顺应既指对社区矫正对象或家庭选择的尊重，也指当社会工作者自身的文化价值观念、家庭观念与服务对象出现差异甚至冲突时，社会工作者应秉持尊重原则，了解其观念形成背后的原因，接纳家庭的规则与习惯。这样既能保证社会工作者进入家庭后保持价值中立，又能够使社会工作者更加顺利地融入家庭，为服务的顺利开展奠定基础。

（三）家文化下社区矫正社会工作的实务技巧

社会工作实务技巧是激发服务对象改变、促进服务效果达成的“催化剂”。受家庭固有观念的影响，社会工作者在开展专业服务时可能面临多重文化阻抗，而其在实践中对这些阻碍的消解也积累了切实可行的实务技巧。首先是进入家庭的技巧。以下三个技巧可以帮助社会工作者顺利进入并融入家庭：一是获得家庭“守门人”的同意，并在他的支持下与其他家庭成员建立关系；二是以社区矫正对象改变效果的呈现换取进入家庭的许可，适时的效果呈现能够打消家庭的疑虑，进而成为进入家庭的“筹码”；三是善于将自己的身份和角色转化为家庭内部“自己人”（田毅鹏、刘杰，2008），使自己与社区矫正对象更进一步地血缘化或拟亲属化（黄耀明，2011），按照其家庭规则与交往习惯和成员建立关系，从而顺利融入家庭。其次是促进沟通的技巧。受家庭伦理秩序与等级秩序的影响，家庭成员间的沟通尤其是代际沟通不畅时有发生，此时社会工作者可以通过搭建沟通平台，运用鼓励、澄清与引导等技巧帮助双方改变沟通方式，促进其在情感上有效沟通。最后是激发改变的技巧。家文化下激发社区矫正对象改变，一方面可以通过唤醒、再强调社区矫正对象的家庭意识与家庭责任感，以家庭为动力促使其做出改变；另一方面也可以通过重要他人或权威人士等的介入督促社区矫正对象改变。

（四）家文化下社区矫正社会工作的服务内容

家文化下社区矫正社会工作的服务内容包含以构建家庭驱动力与家庭团结为目标的家庭整体介入和致力于个体再社会化的全人介入。在针对家庭的服务中，家文化在家庭沟通、关系、教养、团结上具有指引作用；针对个体的介入既体现在家庭驱动下的个体改变，也体现在家文化对其情绪、认知、行为的重塑功能。

1. 家庭驱动力与家庭团结的培育

社区矫正对象家庭团结的培育可以通过家庭沟通方式改善、家庭教养方式改变以及家庭关系修复实现。在此过程中，家庭结构及家庭环境的优化使家庭驱动力得以重构和发挥作用。

以家文化作为社会工作服务过程的问题分析视角。伦理本位思想和家庭等级秩序的强调是影响家庭成员间沟通方式和效果的重要因素，成员间常常呈现“言行不一”的特点，沟通具有间接性和隐晦性。这不仅无益于家庭关系的缓和，还使诸多家庭矛盾归于隐匿化。鉴于此，社会工作者需要帮助家庭成员澄清其行为背后的情感与支持意涵，鼓励他们采取更有效的沟通技巧和沟通方式，促进家庭沟通改善。

就家庭教养方式的改变而言，优秀孝文化与养文化可以成为有益的思想指引。孝文化中关于善事父母、扬名显亲及外延至忠于社会与国家的核心内涵对个体承担家庭和社会责任，激发自我改变，促进社会和谐有重要作用。养文化要求长辈对子女生而养之，养而爱之，爱而教之。社会工作者在介入中应以我国家书、家训中的精神内涵为指引，改变服务对象错误的家庭教育观念，注重对子女健康人格、正确价值观和人生观的培养，帮助其形成宽严相济的家庭教养方式。

稳定而健康的家庭关系是社区矫正对象顺利度过矫正期，实现矫正目标重要而长效的支持来源。但他们的服刑经历和犯罪缘由往往会使家族蒙羞，影响着原本和谐的家庭关系。此时和合文化及家文化中的关怀伦理对家庭关系的修复具有指导作用。和合文化中关于人与人之间和睦、包容与谅解的内涵是达至家文化中“睦亲齐家”的重要手段，是处理家庭关系的根本原则与重要指引。此外，家文化中以血缘为纽带、以家庭集体利益为基础的关怀伦理使家族成员间的相互扶持和责任义务有了文化支撑，指引着家庭成员间的互助行动。这也为社会工作者帮助社区矫正对象修复家庭关系提供了介入依据。

家庭团结是指以“家”为核心的集体主义以及关怀伦理下家庭乃至家族整体在个体或家庭遇到困难时相互支持以及患难与共的家庭力量。对于社区矫正对象而言，家庭团结不仅是其度过矫正期的动力来源，也是增强其家庭凝聚力和家庭韧性的过程。在具体实践中，社会工作者的首要任务是重树社区矫正对象的家庭意识，并在此基础上培养家庭凝聚力，增强家庭韧性，从而使家庭团结得到培育与建设。

2. 家庭驱动下的个体再社会化

家庭驱动为本的社区矫正社会工作实践模式以培育家庭团结为目的，最终落脚点在于社区矫正对象对这种家庭支持力与团结力的体认，并由此激发积极改变以实现矫正目标。当社会工作服务能够为社区矫正对象构建良好的家庭关系及家庭团结时，家庭便成为社区矫正对象改变的驱动力，为其在情绪纾解、认知重塑和行为引导中提供支持，与此同时，社区矫正对象全过程的积极参与也是其实现自我改变的过程。

在团结友爱的家庭环境中，家庭驱动力与关怀伦理、集体主义等家文化的结合能够为社区矫正对象的情绪纾解和认知重塑提供基础与动力。许多社区矫正对象在矫正期间会出现消极悲观、抑郁、焦虑等心理健康问题，此时集体主义价值取向下家庭成员间的互帮互助、患难与共是重要而有效的。社会工作者在介入过程中应对社区矫正对象家庭的这些优势资源进行辨识、构建与联结，作为纾解、改善社区矫正对象负面情绪和偏差认知的能量来源，发挥家庭的驱动作用。

家文化中的和合文化，以家书、家训、家教等为载体的规训文化以及“家”核心文化对社区矫正对象人生观、价值观的重塑有重要作用。和合文化中“和”是人处理与自然、社会、人际以及自身心灵关系的原则（陈霞，2020），这四个层次可被视为指导社区矫正对象实现“和”的四个阶段，对其处世观的重塑有指导意义。以家书、家训和家教等为载体的规训文化中关于个体为人处世之道、个人修养以及家庭建设等的丰富论辩对社区矫正对象的行为具有重要的约束与指引作用。而家文化中的“家”核心思想对家庭在个体心理结构中地位的强调使社区矫正对象意识到自己在家庭中的角色与职责，进而以其对家庭的责任和期待驱动其自身改变。

（五）家文化下社区矫正社会工作者的能力要素

家文化下社区矫正社会工作者首先应具备文化敏感性与文化自觉性。其文化敏感性体现在对家文化及社区矫正对象家庭文化的敏感。这要求社会工作者在服务过程中具备“家文化”的视野和思维。敏锐察觉到社区矫正对象的问题与其所处社会环境和文化脉络相关，意识到传统家文化观念一定程度上塑造了社区矫正对象当下的思维方式与行为逻辑，并尝试从中找寻与界定其独特的问题和需求。对社区矫正对象及其家庭文化的敏感则要求社会工作者充分了解其工作和家庭生活的文化背景（Jack & Gill，2013），在介入过程中能够识别出社区矫正对象在自身文化实践和生活经历中形成的文化习惯，意识到与社工自身文化价值体系的差异性，并以尊重文化差异、价值中立的态度为其提供切合的服务。文化自觉性是指矫正社会工作者在实践中自觉学习家文化，自觉以家文化理念作为分析社区矫正对象问题的视角，自觉将优秀家文化乃至优秀传统文化作为理论指导实践，自觉以更具文化适切性的社会工作原则、技巧、方法为社区矫正对象提供个别化的社会工作服务，提高社区矫正的专业性与有效性。另外，随着时代变迁与发展，我国家庭结构、家庭观念也经历了现代化的过程，社会工作者的文化自觉性还体现在要赋予传统家文化以现代意涵，从而更好地指导实践。

社会工作者还应具备对家文化丰富内涵的操作化能力与实践能力。家文化在我国社区矫正社会工作中的作用机制以“情”和“礼”为依据，是维系社区矫正对象及其家庭的坚韧纽带。这就需要社会工作者挖掘服务对象日常生活中的潜在情感联结，为其构建长效的支持网络；将家文化中抽象的、耳熟能详的意涵进行操作化，渗透于各项服务活动设计中；通过实践将家文化在社区矫正社会工作中的应用体系化，逐步形成完善的家文化下社区矫正社会工作服务框架。

五 总结

中西社会和家庭结构的差异以及社区矫正对象所呈现的具有本土特性的问题是本研究的逻辑起点。传统思想文化与本土实践是社区矫正社会工作本土实践模式构建的理论与现实基础。家文化下的社区矫正社会工作实践模式以家庭驱动为本，以家文化为问题分析视角和服务指导理念，将社区矫正对象的问题置于传统家文化脉络及其自身生活世界之中，联结社会工作诸要素，以社会工作三大方法为载体，构建了面向个体和家庭的服务框架。然而，该模式尚未将宏观社会层面的改变纳入服务内容之中，而社区矫正对象在接受矫正过程中同样面临固化的他人认知与歧视性的矫正环境。另外，尽管这一实践模式的形成可能为社区矫正社会工作实务提供新思路，但现实中一线社会工作者承担的行政性工作对其专业服务与培训空间的挤压也是这一模式付诸实践，并在实践中不断得以验证和发展的潜在障碍，这就需要社区矫正进一步为社会工作者专业服务提供更多时间与空间，让抽离于实践的理论模式能够继续在行动中不断完善。

未来研究有必要在理论与实践的指引下进一步探索将家文化运用于社区环境改善、包容性社会氛围营造等方面的可能路径。此外，我国传统文化博大精深，其中诸多文化内核如诚信文化、义利文化等对本土社区矫正社会工作实践也具有积极的运用价值与指导意义，这些都是未来整合构建本土社区矫正社会工作实践模式不竭的思想资源与可能方向。

参考文献

蔡华俭、黄梓航、林莉等，2020，《半个多世纪来中国人的心理与行为变化——心理学视野下的研究》，《心理科学进展》第10期。

陈立旭，2018，《和合文化的内涵与时代价值》，《浙江社会科学》第2期。

陈姝瑾、陈延斌，2021，《中国传统家训教化理念、特色及其时代价值》，《中州学刊》第2期。

陈霞，2020，《和合文化：人类命运共同体的思想溯源》，《新疆大学学报》（哲学·人文社会科学版）第3期。

陈延斌，1996，《论传统家训文化与我国家庭道德建设》，《道德与文明》第5期。

储小平，2003，《中国“家文化”泛化的机制与文化资本》，《学术研究》第11期。

崔志胜，2020，《中国传统家书文化对社会主义核心价值观的作用探析》，《马克思主义理论学科研究》第2期。

戴烽，2008，《家文化视角下的公共参与》，《广西社会科学》第4期。

郭清香，2017，《孝文化的现代价值及其实践探析》，《中国特色社会主义研究》第2期。

郭伟和，2017，《扩展循证矫正模式：循证矫正在中国的处境化理解和应用》，《社会工作》第5期。

何雪松，2009，《重构社会工作的知识框架：本土思想资源的可能贡献》，《社会科学》第7期。

何雪松，2017，《社会工作理论》（第2版），上海：格致出版社。

黄耀明，2011，《试论中国社会工作本土化的“家文化”情结》，《北京科技大学学报》（社会科学版）第1期。

李颜苗、梁翀，2005，《中西方不同的家庭文化观与家庭心理治疗的应用》，《中国临床康复》第48期。

梁漱溟，2011，《中国文化要义》，上海：上海人民出版社。

刘霞，2016，《“家文化”与公民教育》，《教育学术月刊》第12期。

陆士桢、王志伟，2020，《中国社会工作本土化发展的双重机理及其实践路径》，《新视野》第1期。

南宏宇，2020，《“家文化”内涵的人类命运共同体意识》，《人民论坛》第Z1期。

陶宇、朱晓玙，2018，《中西方“家文化”差异下的家庭社会工作实践路径探究》，《新视野》第6期。

田毅鹏、刘杰，2008，《中西社会结构之“异”与社会工作的本土化》，《社会科学》第5期。

卫小将、李喆、苗艳梅，2008，《我国社会工作的“绞溢”病象及其诊治的可能路径》，《华中科技大学学报》（社会科学版）第2期。

吴志航，2018，《中国传统社会的“家文化”及其当代面向——读梁漱溟〈中国文化要义〉》，《原道》第1期。

笑思，2001，《西方思想中的“个人-社会”模式及其宗教背景》，《华南师范大学学报》（社会科学版）第5期。

张坤，2011，《优势视角下司法社会工作实践模式探析》，《社会工作》（学术版）第11期。

赵玉华，2003，《中国传统文化基本内涵探析》，《东岳论丛》第5期。

Jack, G. & Gill, O. 2013. "Developing Cultural Competence for Social Work with Families Living in Poverty." *European Journal of Social Work* 16 (2): 220-234.

行动中的知识生产：基于社区戒毒康复项目的协同实践*

张天真　费梅苹**

摘　要　长期以来，社会工作的知识基础一直面临有效性与合法性的争议，注重知识科学合法性的研究者与注重知识实践有效性的社会工作者在知识生产过程中呈现各自为营的局面。本文在一个行动研究项目的背景下，探讨了研究者与实践者如何协同开展知识生产。研究发现，协同研究的开展经历了问题形成、建立规则、计划与行动、评估服务、归纳总结五个阶段。这个过程一方面提升了理论知识的实践有效性，另一方面亦使有效的实践智慧更加科学合法。知识有效性与合法性的争议本质上反映了实践者与研究者认识论的不同，而基于实用主义哲学的协同研究可以为整合社会工作知识生产提供帮助。

关键词　社会工作　行动研究　知识生产　协同　禁毒

---

* 本文系国家社科基金项目“中国社会工作本土化理论与实践模式研究”（项目编号：18BSH153）的阶段性成果。

** 张天真，华东理工大学社会工作系博士研究生，研究方向为司法社会工作；费梅苹，通讯作者，华东理工大学社会工作系教授，博士生导师，研究方向为司法社会工作。

一 问题的提出

为社会工作实践构建坚实而有效的知识基础一直是研究者与实践者共同关心的话题，并引发一系列关于社会工作知识生产的讨论。以约翰·杜威和库尔特·勒温为代表的行动科学者认为，人类的行动是获得可信知识的重要方法。作为一门以实务见长的学科，社会工作发端于实践，也长成于实践。实践既是社会工作研究的起点，也是产出知识后的最终归宿（郭伟和，2019），社会工作的知识生产理应促进实践的繁荣。秉持科学实证主义立场的学者认为，知识生产需要遵循科学研究方法，然后以技术的形式演绎于实践。雷因（Rein）和怀特（White）将这种立场概括为“科学创造知识，实践使用知识”（Rein & White，1981）。舍恩（Schon，1983）对实证主义的知识生产假设提出质疑，认为这种模式产出的专业知识更像是“实验室发明”，并日益与实践脱离。同时，已经进行的一些研究表明，社会工作者在实践时很少有意识地利用研究者生产出来的正式知识，且极少会主动阅读研究性论文或著作，仅凭借有限的经验开展服务（Corby，1982）。这些现象引发了学界对于社会工作知识生产有效性的探讨，并寻求将社会工作知识生产的重点放在实践情境和实践者的日常智慧上。针对这一点，也有反对者认为推崇实践智慧的人大多存在经验主义倾向，即他们把从经验中获得的认识等同于科学知识，而二者在本质上是不同的（Michael，1998）。

在这场关于“知识生产”问题辩论的背后，隐藏着关于知识的有效性与合法性的争论。一方面，实证主义者笃信科学理论的效度不能依赖经验或观察，更应该依赖检验。实践智慧虽然在实践功效方面更胜一筹，但未必能通过系统化检验的考验，即“有效未必合法”。另一方面，对实证主义知识论持怀疑和批判态度的学者坚信“有效的实践先于理论”（Pemberton，1981），专业知识隐藏在日常对话以及行动发生的社群实践之中，而非建立在结构和普遍性之上（阿吉里斯等，2012）。因此，倘若研究者忽视实践，纵然可以使生产出来的知识在一定程度上满足统计法则和逻辑自洽，但未必能迎合实践需要，即“合法未必有效”。

知识的有效性与合法性的分歧反映出研究者与实践者在知识生产过程

中各自为营的局面。在中国，社会科学领域中的研究者角色一般为高校等科研机构的教师或研究生，而实践者则对应实务工作者。如何促进二者合作生产“有效兼合法”的知识是本文致力于探讨的问题。本文在一个行动研究项目的背景下，探讨了社会工作实务工作者与高校研究团队合作生产知识的过程。该项目旨在为社区合成毒品成瘾者提供戒毒康复服务，实务工作者和高校研究团队借助合作式的探究方法，针对戒毒康复群体“防复吸”过程中的问题形成了现实可行的、持续有效的解决方法。通过对知识生产过程进行分析，以期为“如何开展协同研究以促进实践知识生产”提供一个答案。

二 文献回顾

行动研究是以受研究问题影响的利益相关者均参与到探究过程中的假设为基础的，本质上是一种协同研究（斯特林格，2017）。利益相关者涉及研究者、实务工作者、服务使用者、政策制定者等多类群体。在研究的过程中，不同群体建立起亲密性、联结性的合作伙伴关系，并在共享经验、知识的基础上，以对话的形式一起对情境进行反思，得出更具建设性的分析结果。这些研究发现将会在之后的问题解决行动中得到实践，继而使知识的有效性得到验证。近些年，随着对于社会工作知识的情境性、反身性、默会性、实用性探讨的增多，很多学者提议社会工作的知识生产方式应该发生变革（何国良，2017；侯利文、徐永祥，2018）。而行动研究在某种层面上能够成为促进研究资源与实践智慧整合，增强研究结果的实践效用的可能方法，已在一系列国际会议中得到提倡。如 2008 年的索里斯堡宣言曾呼吁进行系统性、合作性的行动，使教育者、实践者、研究者、管理者等都融入研究进程。2012 年的赫尔辛基宣言从协商理解的角度重新定义了实践研究的基本要素，凸显了协同参与在实践性知识生产过程中的基础作用（邓锁，2017）。

行动研究同样对知识生产中的支配制度提出了挑战。吉本斯（Gibbons）等人认为，过去从事知识生产的主体主要为科学机构，包括大学、政府机构、研究实验室等（Gibbons et al.，1994）。这一制度中产生的知识需要经历严格的同行评审，且符合科学标准，被称为“真正的”知识。这种知识生产制度被称为“模式1”。在当代，知识生产的模式已然发生深刻改变，“模式2”逐渐占据主导地位。第一，模式2的知识是在应用环境中产生的，做到了知识生产与应用的时间、空间统一。第二，模式2中生产知识的组织不仅包括传统的科学机构，还包括智库、社会组织等。不同组织彼此合作，共同推进研究进程，使知识生产呈现多样化的实践样貌（Lente & Hessels，2008）。第三，模式2的知识生产具有跨学科的特征，不同领域的工作人员在平等的关系中共同致力于知识生产（Gibbons et al.，1994）。相比模式1，模式2更加注重交流与对话，这也使模式2的知识能够融合多种观点，形成与行动者更加相关且能够推动实践发展的知识。社会工作知识生产的转变可以在模式2的原则下得到进一步发展，因为它能把研究领域与实践领域的不同视角结合起来，增强知识的实践属性（马蒂斯等，2019）。在这一模式下，实践者被赋予多重身份，不仅是知识的“使用者”，更是知识“生产者”的一员。模式2为如何开展社会工作知识生产提供了一个很好的框架，而如何在现实情境中开展协同研究将是下一步需要解决的问题。

尽管很多文献鼓励研究者与实践者结成伙伴关系共同进行知识生产，但涉及具体策略的文献还相当有限。批评者认为，协同研究不可避免地呈现研究优先的倾向，研究者似乎并没有将实践者视为完全平等的合作伙伴，而是作为研究的“数据收集者”，实践者的角色一直没有得到良好的重视和尊重（Marsh，1983）。这导致研究者与实践者之间的关系逐渐疏远，无法达至协同。基于此，本文试图提供一个研究者与实践者在项目中协同生产知识的案例，来说明协同研究的开展过程以及过程中问题的解决方案。

三 研究设计

本研究是一项基于“合成毒品成瘾者社区戒毒康复项目”的参与式行动研究。目前，参与式行动研究已经被越来越多地应用于社会工作领域，帮助整合行动中涌现的各种观点（何国良、陈沃聪，2020）。参与式行动研究能够将权力分享给包括研究者、实务工作者、服务对象在内的每一位研究参与者，以实现共同进行知识生产的目标（Sarri & Sarri，1992）。

（一）参与者

“合成毒品成瘾者社区戒毒康复项目”开始于2020年10月。项目在S市内的15个社会工作站（以下简称“区站”）进行，共有6位研究者、150位一线社会工作者、274位服务对象以及2位社会工作机构管理人员参与了整个行动研究过程。

围绕认知行为、自我效能、社会支持三个维度，每个区站独立招募10~20位处于社区戒毒或社区康复阶段的服务对象，随后对其进行个案和小组干预。机构管理者和研究者紧紧围绕干预进程，组织了20余场服务研讨会、经验分享会、辅导讲座，以确保所有参与者相互沟通，及时反馈感受。项目因此实现了在服务中研究，在研究中服务。

（二）资料收集与资料分析

本研究采用两种方式收集资料。第一种为依靠一线社会工作者收集服务对象的有关资料。作为直接提供服务的一方，一线社会工作者能够深入接触服务对象。每一位服务对象都接受了来自社会工作者的2次量表测试，以及3~5次访谈。资料收集结束后，由社会工作者进行整理，并共享给机构管理者与研究者。第二种是研究者对社会工作者进行深度访谈以及对服务过程进行田野观察。项目期间，研究者对18位社会工作者进行了半结构化访谈。访谈的内容主要包括社会工作者如何在实践中促成改变以及如何在行动中反思。此外，研究者曾多次进行实地调研，以“旁观者”的角色参与区站的小组工作服务，观察记录社会工作者与服务对象的互动情况，以及服务对象的即时反应。

质性研究资料经过整理后，上传到NVivo 12，通过编码和分类合并，形成本文的主要主题和子主题。量化研究资料主要使用Stata进行数据分析，通过 t 检验比较服务对象干预前后的变化。

四 研究发现

主题分析共得到5个主要主题，依次是：问题形成、建立规则、计划与行动、评估服务、归纳总结（见图1）。每个部分的具体内容将在下文进行介绍。

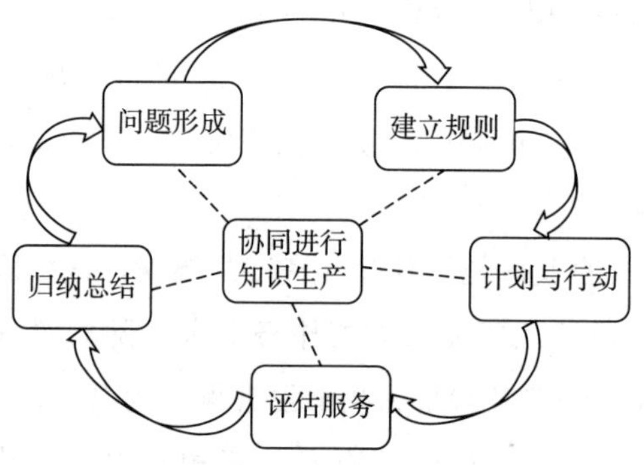

图1 协同进行知识生产的过程

（一）问题形成：行动中的研究需要

禁毒社会工作在中国已有30余年的发展历史（赵敏、张锐敏，2011）。2003年，S市按照“政府主导推动，社团自主运作，社会多方参与”的总体思路，推出社区戒毒模式，并在相关部门的牵头下，成立了“Z社团”。Z社团是一个从事禁毒社会工作服务的社团组织，自成立开始，Z社团借助政府购买服务的方式在S市多地为社区药物滥用人员提供综合式社会工作服务，并在长期的实践中积累了丰富的禁毒经验。然而，尽管社会工作者已经对日常工作有了很多技术性储备，却仍然会面临很多专业技能范围之外的周期性技术危机。

社会工作者在实践中发现，社区戒毒和社区康复的人群中合成毒品成瘾者的人数、所占的比例都呈现逐年上升的趋势。由于合成毒品成瘾机制在生理方面出现的反应比传统毒品少，成瘾者的外在反应较传统毒品弱，在戒毒动机方面更加倦怠。“我们曾经通过谈话、毒品知识的宣传等各种途径，尝试帮助他们做出改变，但一直没有找到一种有效的服务方法……探索一项行之有效的服务技术一直是我们反复思考和琢磨的问题。从这个问题出发，我们打算开展一项行动研究。”（管理者1）

在之前的实践中，Z社团的社会工作者已经进行了一系列针对合成毒品成瘾者的社会工作服务，并取得了阶段性成效。这些服务具体表现为帮助成瘾者的家庭成员掌握防复吸知识、缓解成瘾者尿检时的压力、使成瘾者担任社区中的某些志愿者角色等一系列实操性技巧，社会工作者通常称之为“实践智慧”。实践智慧通常以“轶事”的形式被讲述，由实践者直接体验，并由同事作为见证，但并没有成为可推广的实践理论或实践模式。“我们的社工都能开展服务，但是一直没有人系统地帮我们总结一下到底哪些方法有用……请你们（高校研究团队）来就是希望你们能从专业的角度帮我们拔高一下，形成一套针对合成毒品使用者的有效服务方式和相关研究成果。”（管理者1）在很多情况下，社会工作者并没有在自己的实践智慧和理论之间建立对话，研究力量的引入能够为识别和检验隐藏在“轶事”中的实践原则提供帮助。

在双方达成合作意愿的基础上，社团管理者与研究者共同讨论形成了项目的主要研究问题，并随即招募了一线社会工作者和服务对象，形成了正式的行动研究团队。

（二）建立规则：行动与研究的调适

在行动过程中，实践者、研究者、管理者结成利益共同体，以系统化的方式介入服务对象的生活。行动规则的建立能够对研究进程的稳步推进起到指导作用，使项目团队中的每一个人都能对所处位置和前行方向保持清醒的认识。

1. 设置时间表

为了帮助研究参与者更好地把控研究进程，确保项目如期完成，社团管理者与研究者一开始就着手设计时间表。时间表对每一个阶段所需完成的任务以及截止日期都做了详细的规定，例如，研究设计的完成、数据收集的阶段、各项培训活动的日期等。在制定时间表时，需要充分考虑影响研究进程的社会、政策、情绪等因素。例如，在本研究中，新冠肺炎疫情管控可能会对干预服务产生影响，导致活动延后或不能举办。此外，也需要与一线社会工作者保持充分交流，让所有的研究参与者均有机会参与到决策过程中，防止出现工作负荷过大带来负面情绪等情况。

2. 申明角色

社团管理者的主要任务是协调项目对接、组织督导培训活动、定期监察项目进展情况并激励相关人员。而对于研究者来说，长期以来研究人员经常被塑造为“专家”角色，被期待能够给问题提供标准答案。这种想法在本次行动研究中也有所体现。项目开展之初，研究团队的5名博士研究生收到邀请，前往D区站参与服务方案研讨。但到达之后，映入眼帘的便是“欢迎H大学专家团队莅临指导”的字样。D区站站长解释道：“接到总社的任务后，我们都感觉这次的任务很重，不知道怎么行动，今天希望各位专家老师来给我们设计一下我们区站的服务计划。”当实践者遭遇实践困境时，求助专业研究人员往往成为一种习惯性选择。这种想法导致实践者有时忽视了情境中值得探究的丰富资源，成为“机械的执行者”。行动研究期待以合作的方式生产情境性知识，实践者需要与研究者一起参与到以实践为基础的知识生产过程中。因此，研究者在行动研究中的角色应更具助力性。这需要研究者将实践者视为与自己地位平等的合作伙伴，澄清自己的角色，引导他们自主做出探索。“我跟站长说，不能光依赖我们，因为他们才是最了解这些服务对象的，我们只能在理论方面辅助他们一下。”（研究者2）申明角色使研究者不再是以专家或督导的身份去干涉实践的当权者，而是成为实践者可以利用的一种资源，能够与实践者一同探索问题的解决方案并支持他们的工作。实践者有了更广泛的选择和行动自由，便于在情境之中产生活跃的、创造性的实务和技能。

（三）计划与行动：行动中的反思循环

计划与行动是聚焦问题并形成解决方法的重要环节。这一阶段包含了各式各样观点的提出、协商、实施、反思、修正的循环，是研究参与者们探索信息并逐渐凝聚共识的过程。

1. 需求调查

除戒毒和防复吸外，成瘾者通常会陷入各种心理、事件、关系的复杂网络中，使问题难以厘清，戒毒康复也变得更加困难。为使服务更具针对性，研究者与实践者常常需要进行需求调查，以此确认干预的核心，为形成系统化的介入方案提供基础。

在此次项目中，各区站主要采用三种方法进行需求调查。其一为个案访谈。在招募完服务对象后，个案社会工作者首先与服务对象进行了面谈，初步了解相关信息。然而，面对着整理后形成的大段逐字稿，社会工作者往往无法从中提取关键要素，容易出现“不知道该如何下手”的状况。各区站随即召集个案社会工作者、督导以及研究者共同开展个案研讨会，共同研判服务对象的问题和需求。其二为绘制生命历程图。每一位服务对象都在社会工作者的协助下自主绘制了生命历程图，回顾自己生命历程中的关键事件。“生命历程图里面有一些应激事件，他们当时其实没有很好地处理，从而改变了他们的命运。我们希望通过这些应激事件来了解他们吸毒背后的线索，来对防复吸有所支持。”（实践者4）透过生命历程图，研究者与实践者能够发现更多有关服务对象当前处境的细节，更加清晰地分辨与服务对象问题相关的症结，从而完善干预前的准备。其三为收集量化信息。问卷信息收集完毕后，研究者对问卷呈现的问题进行描述性统计分析，重点记录了服务对象得分偏高以及选择频率较高的问题选项，并反馈给社会工作者，以此聚焦共性需求。

2. 协作设计

需求调查结束后，研究者与实践者需要考虑的是如何提供有针对性的服务，以及如何提炼出有效的服务模式。这一阶段面临的突出问题是各方观点不一致。“第一次沟通的时候，我大概说了一下咱们这边上次讨论的那两种情况，发现他们还不太理解那个自我效能维度。之后他们又讲了一下他们认为现在的情况是怎么回事，他们还是偏向于从认知维度去理解，所以他们就做了现在的这个服务方案，这是那一次的沟通。”（研究者2）由于背景、经验和世界观的不同，研究者与实践者可能存在不同的看待问题视角，这使得双方在解释和分析问题时存在分歧。行动研究的艺术在于研究过程的建构性，不同的参与者均能够分享自己的观点，使同一情境中的多种元素都能得到梳理和呈现。不同的理解是建构事物的原材料，借助多次研讨，参与者们尝试将多元的想法彼此融合，制定出一种所有人都能理解的综合结构。“那一次的沟通之后，他们又回去讨论了。上周五站长又跟我聊，说他们回去买书来看了那个理论，感觉能和他们之前的想法融合一下，就又写了这一版方案。”（研究者2）“我印象比较深刻的就是研究团队跟我们说完他们那边的想法后，有一种他们给拓宽了思路的感觉，让我们没有沿着原来的那种工作方法，就是小组的那种固有的模式，然后跳脱到一种新的思路，用一种新的方式去开展我们的小组，觉得是挺有感触的。”（实践者1）随着研究者、实践者之间研讨的加深，不同观点和思路会逐渐碰撞、融合。这个过程的主要目的是以协同促进整合，使所有人都能对研究过程有所贡献，确保干预方案能够对问题解决起到有效推动作用。

3. 反思与调整

当社会工作者按照协作设计的服务方案进入田野进行服务时，一些新的问题可能会涌现。这些来自服务对象的建议和反馈成为服务计划的下一步调整方向。“第一次小组活动以后，我们组员又讲了很多他们的经历或者他们的故事，我们又进一步了解到组员的需求，于是马上就进行了调整。比如他们提到面对创业受阻、离异、抑郁等挫折性事件，就容易产生复吸的想法，我们之前的设计并没有考虑到如何应对现实生活中这些引发消极情绪的情况。就是这样发现了一个又一个问题，于是又开始调整。”（实践者2）实践中的反馈成为下一步行动探索的起点，社会工作者与研究者共同反思了实际需求与服务方案的不一致之处，并通过调整使方案更适用于问题。既有的理论往往以高度概括的形式对问题进行诠释，可能并不能为本土化实践提供具体的操作性指导。行动研究能够围绕服务对象的日常生活探索问题解决策略，形成更具情境性的知识。“我们又回过头来看之前需求调查收集的材料，有一张认知行为量表里面提到了这样一个问题：‘我因为吸毒所以走到哪里都不会被认同，到哪里都不会被接纳。’这个问题有8个组员都选了非常赞同或赞同，所以我们马上就聚焦到这样的一个问题。我们的10位社工又对这些服务对象进行了深入访谈，问他们为什么这么认为，生活中有哪些事件导致他们这样认为，最终确定了‘改善服务对象因自我贬低和夸大环境排斥导致的认知偏差’这样一个小组主题。我们就是经过无数次的交流来讨取这个真经。”（实践者2）

结合本项目中小组主题的形成过程可以发现，来自各方的信息在一次又一次的交流中不断被整合，形成共同的议题。这一过程经历了多次循环，在第一次循环当中，研究者与实践者根据他们对情境的判断形成了最初的干预方案。而在接下来的循环中，研究者与实践者结合实践情境中的新发现以及来自服务对象的反馈，对既有方案进行了补充和完善。最终的方案是由研究者、实践者、服务对象共同决定的，实现了研究中的协同（见图2）。

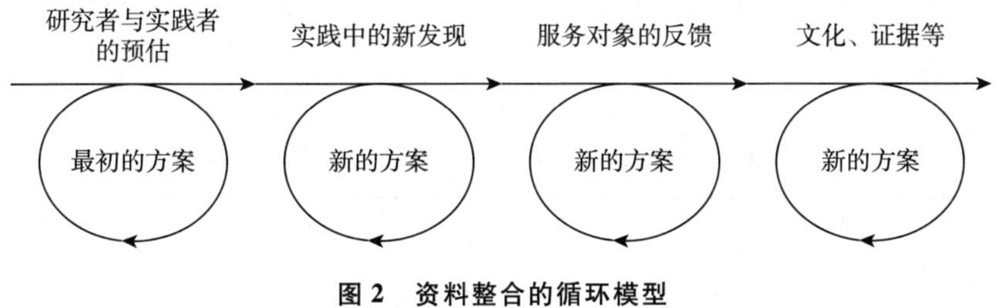

图 2　资料整合的循环模型

（四）评估服务：艺术与科学的结合

为了生产出科学且有效的知识，项目参与者需要对服务进行评估和检验，并对其中公认有效的举措进行初步梳理，为下一步的提炼工作做准备。在社团管理者的组织和协助下，这一阶段集中针对“如何促进服务对象改变”进行了多场经验交流，同时对服务成效进行量化评估，实现了艺术性提炼与科学性评估的结合。

1. 经验研讨

经验研讨可以被视作一个还原行动脉络的过程。当社会工作者汇报完自己的服务案例后，研究者会追问“你认为促成他改变的最关键要素是什么”或者“为什么他会发生改变”。社会工作者通常会阐释支持这些改变的资料。研究者随后会询问其他人是否认可这一说法。借助这种方法，项目参与者可以将他们由实践中得到的资料到形成初步设想的过程明白地表达出来，然后公开地寻求其他人的认可。与此同时，其他实践者也会针对这一议题提供补充，由此整合了一系列关于“如何改变”的解释。研究者在这一过程中主要扮演实践智慧挖掘者的角色，通过提问协助实践者反思日常情境中的干预方法，这一过程实现了评估服务与提炼有效经验的整合。

2. 成效评估

各区站招募完干预组、对照组成员后，使用统一的量表，对招募的所有成员实施前测（同时也作为需求调查中的量化信息收集）。干预服务结束后，对所有干预组和对照组的成员进行后测评估，检验干预成效。前后测结果的数据分析表明，认知行为维度、自我效能维度、社会支持维度的干预均使干预组的服务对象发生了明显的转变。相比之下，对照组的服务对象在各维度上的变化都比较小，在一定程度上说明社会工作者的干预服务具有成效（见表1）。

表1 干预组和对照组的前后测比较（$N=274$）

组别		人次	平均值	t 检验
认知行为维度				
干预组	前测	65	50.60	-5.71^{***}
	后测	65	62.07	
对照组	前测	65	47.02	$-1.76^{\#}$
	后测	65	51.62	
自我效能维度				
干预组	前测	23	64.35	$-1.97^{\#}$
	后侧	23	76.87	
对照组	前测	23	57.87	-1.02
	后测	23	61.91	
社会支持维度				
干预组	前测	49	26.92	-8.87^{***}
	后侧	49	36.59	
对照组	前测	49	25.37	-3.83^{***}
	后测	49	29.88	

$^{\#}p<0.1$，$^{*}p<0.05$，$^{**}p<0.01$，$^{***}p<0.001$。

（五）归纳总结：研究反哺行动

对项目进行归纳总结的目的是提炼实践过程中的有效知识，以及在未来的实践中应用研究成果，进而改善行动。这个过程一方面涉及知识生产，另一方面指向了知识消费。

1. 知识生产

知识生产所要考虑的首要问题是“知识为谁而生产”。由于行动研究的主要目的是为实践者提供改善行动的知识，因此一线社会工作者毫无疑问是该项目成果的重要消费者，研究者需要思考“如何生产出对实践者有用的知识”。

在此次项目中，研究者集中收集了社会工作者在实践中遇到的困难和应对方法，由此形成了《案例汇编》《实务百问手册》《实务操作指南》等面向社会工作者的知识成果。在此过程中，研究者与社团管理者、社会工作者共同讨论了项目汇编的内容，以确保生产出来的知识能够迎合知识消费。研究者聚焦于挖掘社会工作者在解决服务对象问题过程中的具体实践智慧，在一定程度上实现了从原本粗线条的服务模式向精细化操作的转变。"我们细化了操作的流程，并且分解了表单上的步骤，把抽象的非理性信念变得更加可视化，更加可理解化。我们的初稿设计好以后，也是反复和社工们讨论，他们试用之后有不完善和不契合的，我们马上来做修正。然后我们又对更多的小组社工进行培训，我们也是希望通过这样一个项目能够使更多的社工受益，我想这也是我们这个行动研究项目的宗旨之一。"（研究者 3）因此，项目不仅促进了本土社会工作服务有效经验的提炼，而且也有助于加速本土化禁毒社会工作服务的专业化进程。高校与社会工作机构在这个项目中实现了共赢。

2. 知识消费

在本项目中，知识生产的目的指向了知识消费，即项目的研究成果有助于为今后的服务开展提供实务指南。而在知识的应用或消费过程中，社会工作者一方面展现了知识的实用价值，另一方面亦可能在实践中发现新的待解决的问题，需要进行深入探究。由此，知识消费引领了下一轮行动研究的前置情境，成为知识迭代和更新的行动动力。

五 结论与讨论

（一）知识有效性、合法性的认识论之争

长期以来，社会工作的知识基础面临有效性与合法性的争议。作为实践性知识生产的一种方式，行动研究遭受的批评之一就是缺乏合法性，其生产出来的"知识成果"不像是科学，更近乎一种艺术，社会工作仍需要通过实证检验来获得合法的科学地位（马蒂斯等，2019）。但对于实务工作者来说，合法的理论不一定是"有用的知识"。社会工作者更看重个人经验、实务技巧和督导，而不是研究结果的理论化以及实践研究的认识论

（Corby，1982）。

知识有效性与合法性争论的背后，实际上反映出研究者与实践者对待知识的不同立场。研究者关于知识的论述暗示了他们对于知识来源认识论层面的规范性和优越性要求，这导致包括经验、常识、实践智慧在内的一些要素常常被边缘化。福柯（Foucault，1974）认为，某些类型的知识在历史中被赋予了更多特权，这就产生了所谓的“真理制度”和“特权”。“特权”形式的知识往往受到理想主义认识论的影响，因而忽略了社会工作本身的实践属性（Philp，1979）。相比之下，实践者更加注重知识的实用价值，谢泼德（Sheppard）曾讨论了“过程知识”作为一种帮助实践推进的有效方法（Sheppard & Ryan，2003），在认识论层面反驳了教条主义影响下的专业知识生产要求。这一主张反映出对知识应用性的看重，并隐含地增强了实践者利用自身实践经验进行知识生产的主张。一些在实践中行之有效的经验、技巧可以被视为现场生成的知识，并被认为具有与科学研究同等的有效潜力。

（二）有效兼合法：迈向协同式知识生产

现阶段的社会工作知识生产模式仍未形成明晰框架。本文的主要目的是阐明一种面向社会工作知识生产的协同实践形式，这种方式基于皮尔士、杜威和詹姆斯的经典实用主义，能够为整合知识生产的有效性与合法性提供帮助。

从认识论来看，实用主义认为能够帮助行动取得实际效果的知识才是真理，而真理的产生离不开主体认知与客观环境的磨合。实用主义反对将认知主体和被认知对象分开的观点，并认为经验能够同时反映主观与客观两种属性，主体的认知与客体的对象构成了经验整体中的两个不同侧面。同时，经验能够将过去的经历转化为未来的成功行动，帮助实践者更好地解决情境中的问题。对于实用主义来说，真理的产生离不开实践经验的累积，因此经验是真理的重要来源。杜威（Dewey，1938）曾言“任何不是从实际社会条件中产生的科学都是无根据的”，说明合法知识亦需要有效经验的加持才能实现自身的统一。基于这样的真理观，实用主义提供了一种能够作为调查框架使用的知识生产框架，即一般探究理论，其具体过程包括：

（1）发觉实践中的困境和不确定性；（2）识别和定义问题；（3）寻找可能的解决方案；（4）调查实施与深化理解；（5）实验、反思和哲学化。一般探究理论提供了一种允许实践智慧探究与科学研究过程并存的综合性知识视角，并为社会工作研究和实践提供了整合各种观点、技术的可能性。

本文将一般探究理论的过程具体理解为协同式知识生产，原因有二：其一，一般探究理论鼓励实践者从实践情境中广泛获取知识，服务对象、管理者、研究者等主体均包含于实践情境之内，也是构成经验、知识的重要元素，因此探究过程需要与多主体协同合作；其二，完成一般探究理论的探究过程需要同时具备较强的实践能力与研究能力，很难单单依靠社会工作者或研究者中的一支力量，在这种情况下二者的合作成为知识生产的可靠保证。基于本文的研究发现，可以进一步澄清协同式知识生产模式下知识“有效兼合法”的生产逻辑。整个研究过程被有意识地设计为由研究者与实践者共同掌握，双方共同参与了问题形成、建立规则、计划与行动、评估服务、归纳总结等多个环节。协同研究能够确保研究受益于社会工作者的实践智慧，产生更多与实践相关的研究。这一过程提升了抽象知识解决具体问题的能力，增强了理论知识的实践有效性。与此同时，为增强项目知识成果本身的说服力和合理性，研究者对服务进行了成效评估和归纳总结。归纳总结需要研究者运用大量专业知识以及系统化的研究逻辑进行提炼。通过这种方式，项目过程中涌现出的实践智慧得以被及时评测和记录，亦使有效的实践智慧更加科学合法。

在后现代转型的背景下，社会工作的实践场景蕴含了更多流变性和多元性，给知识生产带来新的挑战。从社会工作知识发展趋势来看，越来越多的学者认为专业知识不仅包含学术研究成果，也来源于隐性知识和专业实践中出现的知识（Polanyi，1966）。舍恩（Schon）认为，知识创造首先是一个社会过程，涉及个人之间的互动以及通过持续的辩论、互动和交流共同构建研究证据（Schon，1983）。这表明，不同群体之间的交流、协作已经越来越成为知识生产的重要方式，这一想法在实用主义认识论和吉本斯的知识生产模式 2 中也得到体现。

由此观之，行动研究作为一种促进实践者与研究者的互动协商的形式，具备在不同的环境和背景下创造知识的能力。行动研究对于社会工作，不仅仅是一种方法论上的转变，更是一种知识论、价值论上的转变，成为社会工作知识有效性与合法性结合的关键。

参考文献

邓锁，2017，《国际社会工作实践研究会议系列宣言》，载王思斌主编《中国社会工作研究》第十五辑，北京：社会科学文献出版社。

郭伟和，2019，《专业实践中实证知识和实践逻辑的辩证关系——以循证矫正处境化实践为例》，《社会学研究》第5期。

何国良，2017，《久违的实践研究：创造社会工作学的路向》，载王思斌主编《中国社会工作研究》第十五辑，北京：社会科学文献出版社。

何国良、陈沃聪，2020，《社会工作介入危机家庭成效评估的实践研究》，《社会工作》第4期。

侯利文、徐永祥，2018，《被忽略的实践智慧：迈向社会工作实践研究的新方法论》，《社会科学》第6期。

克里斯·阿吉里斯、罗伯特·帕特南、戴安娜·麦克莱恩·史密斯，2012，《行动科学：探究与介入的概念、方法与技能》，夏林清译，北京：教育科学出版社。

欧内斯特·斯特林格，2017，《行动研究：协作型问题借鉴方案》，郭蔚欣译，北京：北京师范大学出版社。

赵敏、张锐敏，2011，《戒毒社会工作基础》，北京：军事医学科学出版社。

艾拉-琳娜·马蒂斯、卡蒂·娜丽、伊尔莎·尤尔库宁、埃德加·马丁森等，2019，《生态社会工作与社会工作实践》，迟红等译，北京：社会科学文献出版社。

Corby, B. 1982. "Theory and Practice in Long Term Social Work: A Case-Study of Practice with Social Services Department Clients." *British Journal of Social Work* 12 (6): 619 - 638.

Dewey, J. 1938. *Logic: The Theory of Inquiry.* Henry Holt.

Foucault, M. 1974. *The Archaeology of Knowledge.* Tavistock.

Gibbons, M., Limoges, C., Nowotny, H., Schwartzman, S., Scott, P., & Trow, M. 1994. *New Production of Knowledge: The Dynamics of Science and Research in Contemporary Societies.* London Sage.

Lente, H. V. & Hessels, L. K. 2008. "Rethinking New Knowledge Production." *Research Policy* 37 (4): 740 - 760.

Marsh, J. C. 1983. "Research and Innovation in Social Work Practice: Avoiding the Headless Machine." *Social Service Review* 57 (4): 582 – 598.

Michael, S. 1998. "Practice Validity, Reflexivity and Knowledge for Social Work." *British Journal of Social Work* 28 (5): 763 – 781.

Pemberton, A. 1981. "Efficient Practice Precedes the Theory of It." *Australian Social Work* 34 (3): 21 – 26.

Philp, M. 1979. "Notes on the Form of Knowledge in Social Work." *Sociological Review* 27 (1): 83 – 111.

Polanyi, M. 1966. *The Tacit Dimension.* Doubleday.

Rein, M. & White, S. 1981. "Knowledge for Practice." *Social Service Review* 55 (1): 1 – 41.

Sarri, R. & Sarri, C. 1992. "Organizational and Community Change Through Participatory Action Research." *Administration in Social Work* 16 (3/4): 99 – 122.

Schon, D. 1983. *The Reflective Practitioner: How Professions Think in Action.* Temple Smith.

Sheppard, M. & Ryan, K. 2003. "Practitioners as Rule Using Analysts: A Further Development of Process Knowledge in Social Work." *British Journal of Social Work* 33 (2): 157 – 176.

结构化视角下城市贫困家庭脱贫困境研究

——以上海市Y街道贫困家庭为例

任秋梦　赵梦天*

摘　要　基于吉登斯的“结构二重性”视角，个体作为行动者具有能动作用。贫困家庭作为脱贫的主体行动者，其个体行动对贫困发生和持续产生影响。通过对贫困家庭脱贫想法与行动努力的深入了解与分析，发现贫困家庭的脱贫行动可分为四种类型。从结构化理论出发，由规则与资源的组合所反映出的不同结构，可诱发城市贫困家庭的例行常规行为或个体行动区域化，而贫困家庭的“主体反向能动性”可能使整个家庭更加贫困 。针对“个体－结构”交互作用造成的贫困，社会组织服务可以加入社会工作服务元素，帮助个体及家庭脱离贫困。

关键词　结构二重性　城市贫困　社会组织　反贫困

一　问题的提出

2021年，习近平主席在脱贫攻坚表彰大会上宣告，我国脱贫攻坚战取

* 任秋梦，上海大学社会学院博士研究生，主要研究方向为城市贫困、家庭社会工作等；赵梦天，广西科技大学马克思主义学院硕士研究生，主要研究方向为反贫困研究、思想政治教育。

得了全面胜利，现行标准下 9899 万农村贫困人口全部脱贫，832 个贫困县全部摘帽，12.8 万个贫困村全部出列，区域性整体贫困得到解决，完成了消除绝对贫困的艰巨任务（习近平，2021）。现行标准下的“绝对贫困”已不复存在，但相对贫困人口一直都有，农村绝对贫困得到解决，城市贫困问题则更加显露。从民政部 2021 年第一季度的统计数据可知，全国城市最低生活保障人数为 793.9 万人，最低生活保障户数为 483.1 万户，城市特困人员救助供养人数为 31.3 万人，而城市最低生活保障平均标准仅为 684.1 元/（人·月）。[①] 除此之外，全国城市还有很多低收入群体，他们收入超过低保标准，但在教育、医疗、住房“三保障”方面面临许多困难。在城市中还存在较多的生活型贫困和发展型贫困问题，这部分贫困人口保障水平低，处境艰难。

我国城市贫困者的致贫原因复杂，表现为家庭低收入、重大疾病、孤寡老人、丧偶离异、长期失业、重残无业、刑满释放人员社会融入难等情况，生活处于相对贫困状态之中的家庭，其脱贫更加困难。准确理解城市贫困的特点，把握相对贫困发生的机理并提出相应的脱贫路径，是当前研究城市贫困问题的重点与难点之一。

目前，对于城市人口致贫原因的探讨，学术界历来存有个体与结构两种视角。首先，对于贫困起源的研究，个体视角的研究范式在我国一直是主流。它立足于个体贫困者自身的原因，其中，以个人行为学派、人力资本理论为代表的个人主义范式的研究理论或多或少都带有社会达尔文主义倾向，这些研究认为，由于“缺乏”诸如能力、素质、训练、道德以及资产而使贫困者成为社会这个大环境的“弱者”（郑杭生、李棉管，2009）。其次，在结构主义范式方面，包括冲突理论所提出的经济、文化、分配冲突所引发的贫困，功能主义所提出的贫困是一种必要的社会存在方式，等等。结构主义范式将贫困归因于社会因素，提出在一定社会关系中所产生的人的行为受到社会因素控制，社会结构与制度共同造成了贫困现象的出现。

---

① 《2021 年 1 季度民政统计数据》，民政部网站，http://www.mca.gov.cn/article/sj/tjjb/2021/202101qgsj.html。

我国学者关于贫困的经验研究主要集中在脱贫攻坚、乡村振兴方面，而关于城市脱贫的研究则相对较少。学术界关于贫困的研究十分注意将个体视角与结构视角相结合，既关注产生城市贫困的制度性因素（关信平，2002；洪大用，2003；唐钧，2001），也关注个体的能动性（李晓红，2010；Hong，2005），但都没有建立起有说服力的理论解释框架。基于此，本研究尝试运用吉登斯的结构二重性视角来分析城市贫困家庭脱贫的困境，并探讨社会组织在结构、个体以及相互作用形成的贫困中如何发挥其减贫作用。具体而言，本文主要探讨以下问题：城市贫困家庭遭遇了哪些困境？在脱贫道路上做了哪些努力？基于结构二重性理论，对贫困家庭贫困与反贫困行动可以做出何种解释？在城市贫困家庭面临的结构、个体以及相互作用等形成的脱贫困境中，社会组织如何发挥作用？本文试图从行动与结构互动视角了解贫困家庭的贫困状态，并基于"结构二重性"观点剖析"贫困家庭（个体）-环境（结构）"互动影响贫困家庭演化的过程，探索贫困演化的深层次机理。

二 理论基础与研究方法

（一）理论基础

吉登斯的结构化理论关注对人的能动作用和社会制度的理解，系解读"行动者-结构"互动关系的一种理论工具。利用结构化理论建立对贫困家庭或个人（行动者）及其所在情境（结构）的解释，有助于揭示社会结构经由资源可获性或资源限制性影响其行动的因果关系（陈逢文等，2019）。

结构化理论将"结构"视为行动转换的规则而非框架，即结构指社会再生产过程中反复涉及的规则与资源（Giddens，1984）。规则是反映社会行为产生的引导逻辑，分为规范性规则（法律、法规等正式制度和风俗、习俗等非正式制度）和解释性规则（价值判断、社会观念等）。资源包括配置性资源和权威性资源（见表1）。配置性资源是直接可以满足人们日常生产、生活需求的经济资源，如食物、金钱、住房和医疗等；权威性资源是对日常生活产生影响的非经济资源，如社会资本、情感、权力、声望、文化和信息等（韩莹莹、范世民，2016）。

表 1　结构化理论中主要概念释义和示例

<table>
<tr><td rowspan="8">制约脱贫的机理</td><td rowspan="4">社会结构因素</td><td>规范性规则</td><td>法律、法规以及风俗、习惯等</td></tr>
<tr><td>解释性规则</td><td>价值判断、社会观念等</td></tr>
<tr><td rowspan="2">资源</td><td>配置性资源（食物、金钱、住房和医疗等经济资源）</td></tr>
<tr><td>权威性资源（社会资本、情感、权力、声望、文化和信息等非经济资源）</td></tr>
<tr><td rowspan="4">个体行动因素</td><td>意识</td><td>实践意识、话语意识和无意识</td></tr>
<tr><td>区域化</td><td>指行动者的行动与一定的时空交织在一起，并与社会系统相联系</td></tr>
<tr><td>例行化</td><td>行动者的日常生活总是延续一套固定的行为方式，并且依照传统、风俗和习惯的要求与其他行动者进行社会交往等</td></tr>
<tr><td>能动作用</td><td>具有做某些事的意图、能力以及权力</td></tr>
</table>

资料来源：根据吉登斯（1998）与韩莹莹、范世民（2016）编制成表。

结构化理论的核心思想——“二重性原理”强调，以社会行动的生产和再生产为基础的规则和资源，同时也是系统再生产的媒介（吉登斯，2016）。这意味着，一方面，规则和资源“内在于”行动者，驱动行动者的社会行动；另一方面，社会行动又进一步塑造着规则和资源。在行动者与结构的互动过程中，嵌入结构中的行动者不仅受结构的制约，还可能适应性地调整结构，这就需要行动者的反思性监控作为前提。结构化理论在解读行动者与结构互动的同时，也对行动者社会行动的反思性特征进行了分析，认为行动者认知能力所特有的反思性特征是推动社会实践循环往复的关键要素。不同于人类基于因果关系链的逻辑认知，也不同于无须明言就知道如何“进行”的实践意识，反思性监控强调对人们所展现的、持续发生的社会行动的监控过程（吉登斯，2016）。经由反思性监控，行动者才能够识别、认知结构中可调整的空隙，才能够实施反思性行动，从而在行动者与结构之间建立关联。

城市贫困家庭的贫困与脱贫演变并不是其自身自然演化过程，而是受家庭或个人作为核心行动者的主动行为驱动，同时这种行为又嵌入社会“结构”中，因而形成“行动者 - 结构”互动诱发的贫困与脱贫不同路径的分化。因此，结构化理论关于“个体 - 结构”交互的结构二重性观点非常适合贫困家庭贫困与脱贫的分化演变研究。基于此，本研究将遵循“贫困家庭（或个人）-环境”交互的研究视角，深入探究社会结构性特征驱动贫困家庭与个人的行为反应，从而揭示贫困的演化过程，探索摆脱贫困的实践路径。

（二）研究方法

本研究选取上海市X区Y街道的部分贫困家庭及个人为研究对象。X区一边是繁华商业区和高档住宅区，另一边是棚户区，聚集了大批低收入人口和贫困人口，形成了鲜明的对比。笔者运用质性研究中的非参与式观察、深度访谈法进行资料收集，对19个案例的致贫原因和脱贫行动予以分析，了解和掌握城市贫困家庭的脱贫困境（见表2）。

表2 访谈对象基本信息（$n=19$）

访谈对象编号	性别	年龄（岁）	贫困类型	基本情况	访谈对象
H	女	54	低保	丧偶，抑郁症、肠癌，享受低保和残疾补贴，儿子读大一，家中有90岁老人需要照顾，医药费支出较大	案主本人H
L	男	42	低保	患银屑病，无业，享受低保，跟父母一起生活	1. 案主本人L 2. 案主母亲L1 3. 居委会干部L2
S	女	44	低保	戒毒五年，没有复吸史，离异丧偶，无业，跟母亲、儿子一起生活，目前三人挤在33平方米的房子里，儿子刚大专毕业	1. 案主本人S 2. 案主母亲S1 3. 居委会干部S2
E	男	42	低保家庭	案主几年前将户口迁到上海，租房，打零工，妻子39岁，外来媳，目前无业，女儿读小学三年级	案主妻子E1
F	女	73	低保家庭	冠心病（曾装心脏支架）、胃下垂，老伴76岁，两人享受低保，还有一个女儿，40多岁，离婚，租房外住	1. 案主本人F 2. 案主丈夫F1
T	女	31	低保家庭	外来媳，无业，独自带一岁半的女儿，丈夫本地人，37岁，曾因吸毒入狱，最近因经济纠纷案再次入狱，2025年出狱	1. 案主T 2. 居委会干部T1
J	男	33	低保	患有精神分裂症，长期在阳光心园接受服务，享受低保、残疾补贴，父亲和继母均已退休，祖父母90多岁，跟其一起生活	1. 案主父亲J1 2. 案主继母J2
Q	男	33	低保	智力障碍患者，重残无业，母亲辞职看护	案主母亲Q1

续表

访谈对象编号	性别	年龄（岁）	贫困类型	基本情况	访谈对象
D	男	51	低保家庭	眼睛因早期做激光手术，黄斑变性，中年下岗失业，享受低保，夫妻分居十多年，儿子在读大学，孩子爷爷与其一起居住	1. 案主本人 D 2. 案主儿子 D1
P	男	45	低保家庭	无固定职业，妻子为外来媳，在睦邻中心担任管理员，最低工资水平，有一女儿读三年级，一家人与孩子奶奶同住 30 多平方米住房	1. 案主妻子 P1
X	女	52	低保家庭	手部残疾，无业，丈夫 61 岁，曾患脑梗，无业，有时做些零工，两个人吃低保，一个女儿已出嫁	1. 案主本人 X 2. 案主丈夫 X1
W	女	67	低收入家庭	三年前中风，左侧身体偏瘫，残疾四级，享受长护险和残疾补贴	案主本人 W
R	男	90	低收入家庭	纳保老人，丧偶，独居，患前列腺癌，随身携带尿袋，与子女关系不好、无人照看，有长护险和临时工看护	1. 案主本人 R 2. 邻居阿姨 R1
C	女	17	低收入家庭	困境青少年，父亲无业，母亲物业公司上班，家里 6 口人，爷爷、奶奶跟其一起生活，哥哥刚开始工作，一家人同居一屋	1. 案主奶奶 C1 2. 案主父亲 C2
M	男	58	低收入家庭	肾炎、脑梗，2019 年开始患大病，医疗支出巨大，妻子是外来媳，在环卫公司工作，儿子读高一	1. 案主本人 M 2. 案主妻子 M1 3. 居委会干部 M2
K	男	40	低收入家庭	家有 5 口人，母亲、妻子、女儿、儿子，女儿为前妻所生，住房面积狭小，夫妻俩以前在广告公司兼职视频制作，由于疫情影响，两人均失业已有 2 年	案主本人 K
Z	男	65	特困人员	年轻时无业，未婚，无儿无女，租房，姐姐住隔壁，经常对其进行支援	案主本人 Z
G	男	88	特困人员	特赦老兵，未婚，独居，患有脑梗、心脏病、脉管炎，血管老化，腿脚行动困难	案主本人 G
N	男	65	特困人员	刑满释放人员，无业，未婚，无房，跟哥哥嫂子住一起	1. 案主本人 N 2. 案主哥哥 N1 3. 案主嫂子 N2 4. 居委会干部 N3

开始阶段，笔者对该街道社区事务受理中心和部分居委会负责救助的工作人员进行访谈，了解到 Y 街道享受低保的困难人口共计 1000 余人，随后笔者利用参与该街道“救助顾问”项目的便利，总共探访了 20 户贫困家庭，从中选出 19 户合适的家庭作为访谈对象。通过多次与研究对象及家属、

街道和居委会干部及救助部门相关人员深入交流，研究者充分询问和观察研究对象目前贫困状况、致贫原因、脱贫努力和障碍等信息，从而对城市贫困家庭生活困顿的真实情况以及相关社会政策与具体措施的实施情况具有更深入的了解和思考。

三　贫困家庭脱贫的行动历程

吉登斯的“结构二重性”理论认为个体作为行动者具有能动作用。作为脱贫的主体行动者，贫困家庭个体行动对贫困发生和持续产生影响。通过对贫困家庭访谈资料的分析，发现贫困家庭的脱贫行动大致可以分为以下四种类型。

（一）囿于贫困－无力挣脱型

这是一类典型的贫困家庭，他们因年老、疾病或者残疾障碍无法就业，更没有其他收入来源，依照他们目前的状态来看，申请社会救助是他们对抗贫困的唯一途径。

> 他要是不生病的话，我们日子还能过。我们家也不是说像别人家大手大脚花钱。他从2019年开始生大病，别人以为他得了癌症，在医院差点没挺过来，这几年用的钱相当多，我一直都是整万地取出来，太烧钱了。（摘自M1的访谈记录）

个案M，其家庭被认定为低收入困难家庭，妻子是外来媳，在环卫公司上班，每月有5000元左右的工资收入，儿子读高一，案主M十几年没有正式工作，2019年开始患肾病、高血压、糖尿病、湿疹等，医疗支出巨大，高额的医疗费用逐渐耗尽家里的微薄存款，家中情况每况愈下。街道与居委会鼓励其申请医疗救助，如果符合低保条件，可以申请低保来缓解当前家庭的困境。

个案T，女，31岁，外来媳，目前无业。丈夫本地人，曾因吸毒入狱，戒毒后与妻子T结婚，2020年因经济纠纷案再次入狱，预计2025年才能出狱。T与公婆关系不好，现独自带着一岁半的女儿度日，当问其打算时，她回答“走一步算一步”。

我没有什么想法，就是把孩子带大，我一个人带着孩子都恨不得分两半，我去哪里办什么事情都是拿腰带背着孩子。（摘自T的访谈记录）

她就是想简简单单把孩子带大，就这个愿望啦。小孩子就认她，从小开始她去到街道填单子什么的都是抱着她，就是靠脚走的。（摘自T1的访谈记录）

此种类型的贫困家庭或个人，因疾病（个案M和H）、老弱（个案F、G和T）、残障（个案X、J和Q）等原因，申请社会救助是他们当前反贫困最好的方法或途径，至少能稍微缓解眼前的困窘，这类家庭现在或以后的生活会始终囿于贫困但却无力挣脱。

（二）曾经挣扎－半途放弃型

这部分家庭或成员曾经有过积极的脱贫行动，如产生寻找工作的想法甚至也有行动，但是经历一两次失败遇到挫折后便放弃就业，依靠低保度日。

我的情况比较特殊，我之前吸过毒，工作要比一般人难找，现在工作要开无犯罪证明，我之前找过工作，不是临时工工资低，就是被人看不起，我也就放弃了。（摘自S的访谈记录）

不是她不想找工作，是找不到。政审过不了，连保安这种都不行。他们其实很想出去工作的，但是一旦政审过不了，没有单位敢录用。（摘自S2的访谈记录）

个案S，女，44岁，离异丧偶，儿子刚大专毕业。因为有吸毒前科，就业困难，她曾经积极寻找工作并一直想找一份带有五险一金的正式工作，但因为无法开具无犯罪证明，被用人单位歧视，一两次的挫折使得案主放弃努力。

个案D在公司倒闭失业后从事过多项临时性工作，但因为眼睛黄斑变性就不再工作，案主表示对眼部要求不高的工作仍可以从事。

> （失业）之后做过几年厨师，单位做饭的，也做过后勤、管食堂的。然后我的眼前开始出现斑点，我就不工作了。（摘自D的访谈记录）

显然，上述两个家庭都曾有过脱贫行动，但在遭遇挫折后便立刻放弃工作。由此，曾经挣扎－半途放弃型的贫困家庭往往具有如下基本特征：微弱的工作意愿、对工作环境的敏感和抗拒、一遇挫折随时退缩的行为、薄弱的脱贫动力等。当然，这部分家庭和成员也往往会在领取低保金与工作收入之间进行权衡。

（三）假装努力－得过且过型

《上海市最低生活保障审核确认办法》规定，家庭成员有劳动能力及条件，无正当理由连续3次拒绝接受公共就业服务机构介绍的与其健康状况、劳动能力相适应的工作的，政府部门应当对家庭或个人停止救助。所以，有部分贫困家庭一直表示有脱贫的想法并积极地配合居委会参加工作面试，但是每次都以各种理由或借口应付了事，久而久之就形成了此类习惯性的行为方式。

> 因为我有这个病情，再加上可能没有正常人那么有精神，之前让居委会帮忙介绍了工作，面试了以后也没有结果，人家居委会也很忙的，也不方便老是麻烦别人。我比较抵触找工作，有点自闭，可能还是和社会脱节太久了，所以当大家不是特别熟悉，没找到共同话题的时候就会有些沉默，不过我母亲还是希望我能够走出家门，步入社会的。（摘自L的访谈记录）

个案L，42岁，日语专业专科毕业，任一家私营企业文秘三年后患银屑病失业，但病情得到控制后一直没有工作，其母亲希望他能有一份工作，认识些朋友。案主在母亲的劝说下，参加了居委会介绍的工作面试，但每次面试都应付了事，至今无业。虽然案主表示一直都有找工作的念头，但是从未主动实施，都是居委会为其链接工作资源，在推脱不了后才应付了事。

假装努力 - 得过且过型的贫困家庭及成员表面上有找工作的想法，但实质上是为了“配合”居委会工作。他们碍于面子或低保政策的限定而走走“过场”，但最后都是自己把自己淘汰掉并寻找各种理由予以开脱，反正日子得过且过。

（四）自己放弃 - 鞭策子女型

这类贫困家庭及成员始终有脱贫的想法也一直付诸行动，但是其努力始终未能使家庭脱贫。学历与技能的不足，限制这部分成员只能从事散工、临时工等，收入不稳定，也没有五险一金的保障。由于他们深受“没知识、没文化”的苦，所以希望后代能通过学习改变命运，这也是家庭反思后理性的行动。

> 我是安徽的，没有工作，老公也没有固定的工作，打零工，我现在因为疫情在家，照顾孩子。他一个月收入说不好，上海下雨天多，有时候干，有时候不干，自己找工作，干苦力的那种，工地上装卸工，有活就干，没有就在家。我们吃喝好一点差一点都行，主要是孩子的学习。（摘自 E1 的访谈记录）

个案 E，男，42 岁，属于下乡知青子女返城，租房居住，夫妻两人都是初中毕业，妻子是外来媳，较低的文化水平导致两人找工作只能是苦力活，工作不稳定且工资待遇低，整个家庭的社会联结比较薄弱，在本地几乎没有什么亲朋好友，只有丈夫的舅舅一家帮衬，社会支持脆弱。但是夫妻两人表示“一切都是为了孩子，只要孩子能接受好的教育，再苦再累也值得”。

个案 D 也觉得自己努力已经改变不了什么，所以把希望寄托在儿子身上。他对孩子的学习和未来非常上心，曾表示孩子在高考报志愿的时候，自己“做足了功课”，现在孩子大三了，他希望孩子考研，故而与笔者聊了很多关于考研的话题。以上案例（包括个案C）都认为“自己这辈子就这样了”，再怎么努力也是白费，不如把精力放在激励孩子身上，以后孩子有出息了，不仅自己脸上有光，还能跟着过好日子。此类贫困家庭将孩子当作改变整个家庭命运的希望。

> 我这条路就看到头了，我不存在规划了。我还有七八年就领退休金了。我儿子今年大三，我想让他考研。（摘自D访谈记录）

四　城市贫困家庭脱贫困境的结构化分析

基于吉登斯结构化理论视角，笔者尝试将所收集的经验资料与之联结起来并予以深入的理论分析。

（一）社会结构因素与脱贫困境

贫困与缺失极度相关，个体的贫困意味着其在某一方面或多方面（如收入、教育、技能等）的缺失。作为影响城市居民生产生活的客观性因素，社会结构中的任何一个子因素都会对城市贫困问题具有重要影响。

1. 资源缺失对贫困家庭脱贫行动的限制

资源是个体行动者进行社会活动的前提条件，可分为配置性资源和权威性资源。无论哪一种资源都会促进或限制贫困家庭的脱贫行动。

（1）配置性资源缺乏

对于城市居民而言，配置性资源缺失是最直接阻碍脱贫的原因，如一个人因老弱、疾病、残疾或突发事故而无法获得基础生活资料。前述“囿于贫困－无力挣脱型”的贫困家庭均不能获得生活所需资料，还不断消耗家庭已有资源，配置性资源极为匮乏。个案G、个案E、个案X等都是因为本身配置性资源缺乏，又加上其他原因导致其陷入贫困。由此可见，配置性资源是影响脱贫的直接原因，当一个家庭或个人没有经济来源或者赖以生存的物质资料时，必将造成贫困，这是实实在在地影响家庭或个人能否在城市生存下去的因素。

(2) 权威性资源缺乏

权威性资源的范围比较广泛，对城市居民的影响也相当复杂，而且权威性资源某一个或者几个因素的缺乏会直接影响配置性资源的获得，进而导致贫困。在上文归纳的“自己放弃-鞭策子女型”、“假装努力-得过且过型”和“曾经挣扎-半途放弃型”等贫困家庭类型中，均有个案表明受到此类资源的制约，如个案E夫妻从安徽迁到上海，与老家断了联系，本地只有丈夫的舅舅一家帮衬，家庭的社会网络比较薄弱，情感支持脆弱。有的个案甚至被权威性资源缺乏严重限制，如个案S已经戒毒五年，其个人资源良好，表达能力强且逻辑清晰，也善于与人沟通，她也曾尝试找过工作，但是正式的工作都需要政审材料，名誉上的污点成为案主找一份正式工作的阻碍。

一系列的权威性资源的缺乏导致整个家庭抵御生活压力的能力不足，一旦出现波动性事件，整个家庭将无力抵抗。此外，权威性资源包含的种类多且造成贫困的原因复杂，但是权威性资源可以说是制约脱贫的根本因素，一旦缺少某些权威性资源，其配置性资源会相应缺失，导致贫困的发生与持续。

2. 规则制约对贫困家庭脱贫行动的约束

规则在结构层面上分为两种类型：规范性规则和解释性规则。在城市贫困问题上，规范性规则约束通常表现为一系列不利于贫困者的制度、政策以及社会惯习。这些规则直接作用于结构资源上，对个体造成剥夺（王锴，2018）。解释性规则限制则指城市居民由于不能正确理解和利用国家法律、政策而带来的制约（韩莹莹、范世民，2016）。

(1) 针对特殊群体的保障性制度缺失

虽然很多残障人士参加上海“阳光之家”“阳光心园”等，但是不符合指标的残障人员或者超过年龄限制的智障人士无法入园，照顾的重任只能落于家庭，家中由此需要一位专职照看人员，这就导致家庭收入减少，支出大于收入，长此以往家庭陷入贫困。长期以来，我国承担残疾、精神或者智力障碍照护重担的都是家庭。上文提及的“囿于贫困-无力挣脱型”的贫困家庭中，个案Q和个案J的家庭均属此例。我国针对残障人士制度与政策保障的不完善，导致家庭承担过重的养育负担，并且随着残障人士年龄的增长，家庭的情况变得越来越糟。制度的缺失剥夺了家庭发展的机会，使整个家庭处于贫困无助状态。

（2）针对刑满释放人员与戒毒人员的规则制约

救助对象里有一部分刑满释放和戒毒康复人员，因为个人的违法行为而陷入贫困，很难得到社会同情，就算其个人资源良好，但是社会的歧视，一次次找工作的失败，使其产生逃避心理。个案N为刑满释放人员，出来之后找工作很难，根据居委会干部的描述“他是吃过官司的（入过牢），出来之后找工作，人家一看你是这样的情况，都不用你的”。个案S有吸毒前科但已经戒毒五年，其寻找工作的经历与个案N相似。因为“政审过不了，没有单位敢录用”。他们也曾经“挣扎”努力过，但是碰壁后就无奈放弃，其自身文化、技能不足，再加上“污点”，更容易遭受社会排斥，从而更难脱贫。

（二）个体行动因素与脱贫困境

依据吉登斯的结构化理论思想，由规则与资源的组合所反映出的不同结构，可诱发城市贫困家庭的例行化常规行为或个体行动区域化表现，贫困家庭的例行化思想又是个体意识、动机的体现，而个体行动区域化更是空间集中化与代际遗传的结果。

1. 城市贫困家庭个体行动例行化思想

个体行动例行化思想在社会结构制约下的城市脱贫行动中表现为多种形式，但尤以下述几种最为突出。

（1）脱贫意识薄弱甚至缺乏

对于部分贫困家庭而言，处于持续性贫困的主要原因并不只是缺乏资源和规则，最主要的还是缺乏摆脱贫困的动机、意识和努力，形成“等、靠、要”的固化思维。上文归纳的“假装努力－得过且过型”和“曾经挣扎－半途放弃型”等贫困家庭类型中，不乏此类案例，如个案L觉得就算自己不工作，家里也有自己一口吃的；个案P1在访谈中也曾表示“这样的生活就挺好，也不累，多少挣点钱，还有我老公和孩子的低保钱补贴家用”。此类家庭虽然部分资源缺失，但是完全有能力脱贫，然而他们很快就放弃了，“过一天算一天”成为这类家庭及成员日常生活的主要意识和行动准则。

（2）高度依赖退休金和救助补贴

通过访谈资料分析发现，一部分贫困家庭成员处于临近领取退休金的年龄，于是当事人便不想工作只是考虑补足几年的加金后等着领退休金度日，而并不考虑原来低收入工作所带来的家庭存款资源单薄，也不考虑再去工作增厚资源以备不时之需。个案 M 在 2000 年辞去工作后在家里开过一段时间杂货铺，后来一直没工作，其妻子做些零散工，一直为个案 M 交金，案主对退休金产生依赖心理。但是 2019 年肾病降临到这个家庭，沉重的医疗负担将本来收入微薄的家庭拖入贫困泥淖。显然，个案 M 觉得以后有退休金“托底”，所以在还有能力工作时选择“清闲”，结果导致配置性资源缺乏，大病使得整个家庭陷入贫困状态并无力挣脱。个案 D 情况类似，一直以视力变弱这个“借口”，拒绝居委会介绍工作，一家人现在依靠老父亲的退休金以及案主和儿子的低保补助金生活，个案 D 也在等待自己领退休金的一天，其对低保就像牢牢抓住救命稻草一样。

上述案例中的贫困家庭及成员，即便他们之前或者现在有脱贫的能力，但是他们脱贫意识薄弱，往往把自身的贫困归结于文化水平较低、能力或技能不足、年龄较大、身体状况不允许等因素，由此慢慢形成懒惰意识，只想依靠补助金和退休金度日。

2. 城市贫困家庭个体行动的区域化

城市贫困家庭因贫困而集中生活在某些特定的区域，如“棚户村”、“城中村”、年代久远的破旧住宅区等，他们之间的生活态度、行为和言谈相互影响与模仿并逐步形成共同的思维习惯和行为方式：脱贫动机意愿不强、生活态度消极、仇视社会等（韩莹莹、范世民，2016）。城市贫困家庭空间集中化无疑给脱贫带来严重阻碍。

然而，个体行动的区域化在贫困家庭中还表现为贫困的代际传递，也即某一类家庭的贫困会代代相传，祖辈贫困，父辈贫困，子孙辈更加贫困，在纵向上发展出无数个“贫困链”，这在一定意义上说也是“区域化”的体现。研究发现，这种状况发生的机理是，如果一个家庭长期形成懒惰、依赖救助、不思进取的文化，那么经过言传身教、耳濡目染等过程，其后代很有可能会在这种环境长期的浸淫下继承此类消极文化，逐渐形成无助、无奈但又不愿努力和改变的性格特征。个案H是外来媳，身患肠癌中期，丧偶，家里还有一个90岁的婆婆和一个18岁的儿子。丈夫在世时一直没工作过，全靠案主在包子店打工挣钱勉强度日，癌症使得这个家庭更加雪上加霜。18岁的儿子刚上大一，案主表示“他脑子其实还可以，但是都不用在正道上，天天晚上半夜三更玩游戏”，本该是担起家庭重担的年纪，但是案主抱怨说“他回来也不帮我忙，回来就是手机、电脑。他又懒，208斤的胖子，就爱吃肉，我生病没劲还要给他做饭”。案主之前的家庭氛围及其教养方式使其儿子形成了没有担当等不良性格，并且，许多贫困家庭为了生存费尽精力，已经无暇去顾及后代的教育，正如个案M1觉得只要孩子以后“有点文化，认识字，有个相对稳定的工作就行”。在访谈中，笔者随时会触及和感受到这种贫困文化，它是潜移默化的，但又影响深刻。对此，学者刘易斯早已指出：贫困者因为贫困而在居住等方面具有独特性，并形成独特的生活方式。贫困者独特的生活方式促进了贫困者间的集体互动，从而使得与其他人在社会生活中相对隔离，这样就产生一种脱离社会主流文化的贫困亚文化。处于贫困亚文化之中的人有独特的文化观念和生活方式，这种亚文化通过“圈内”交往而得到加强，并且被制度化，进而维持着贫困的生活。在这种环境中长成的下一代会自然地习得贫困文化，于是贫困文化发生世代传递。贫困文化塑造着在贫困中长大的人的基本特点和人格，使得他们即使遇到摆脱贫困的机会也难以利用它走出贫困（Lewis，2004）。

（3）城市贫困家庭脱贫的反向能动性

“结构二重性”理论指出，社会结构并非外在于个人行动，而是不断地卷入社会系统的再生产过程之中的规则和资源。它不仅对人的行动具有制约作用，而且也是行动得以进行的前提和中介，它使行动成为可能；行动者的行动既维持着结构，又改变着结构。比如行动者（吉登斯更愿意称为能动者）利用社会规则和手头的资源，做出社会行动，这些行动能够作用于结构——既维持着结构，又改变着结构，比如制度的制定、规则的革新、人际关系网络的形成。行动与结构之间这种相互支持、互为辩证的关系反映在处于时空之中的社会实践中。

以此观之，在实地调查和资料分析的过程中，笔者不断地发现，不少城市贫困家庭及成员能够较好地在规则或资源指导下采取行动，主动地询问政策、创设条件满足要求享受国家低保、想方设法从政府那里获得更多补助等。但同时他们又会在实践过程里发挥“主动性”或“能动性”，积极思考并采取行动从已有的规则或结构中寻找漏洞或细节加以利用或放大而为己用，并不思考如何在国家政策扶持和指导下通过就业、创业等方式进行脱贫。这种行为或“能动性”，本文将其提炼为一个概念——“反向能动性”予以概括，即行动主体虽也在积极行动，但思考问题和行动都与脱贫背道而驰，并且许多行动者采用相类似的思考方式和行为模式，由此，又形成了这一类城市贫困家庭的行为规则。从上述归纳的“假装努力－得过且过型”和“曾经挣扎－半途放弃型”等类型贫困家庭中，均可窥见“反向能动性”行动者的影子。

综上所言，社会结构对城市贫困家庭脱贫行动发挥着制约作用，同时社会结构又受城市贫困家庭反贫困行动的影响和塑造。缺乏脱贫动机意识，行动的例行化、区域化，脱贫的“反向能动性”等，都潜在地塑造着城市贫困家庭的行为规则，对反贫困及贫困的延续和传递等，无时无刻不在产生深远影响。

五　未完的讨论与思考

资源的倾斜性配置是解决相对贫困问题的必由之路。缓解贫困者的资源匮乏，政府和社会力量应该立足于贫困家庭的需求，展开针对性的脱贫助力。一方面，要主动发现并帮助贫困个人或家庭享受政策红利，加强配置性资源的链接；另一方面，要强化贫困家庭的行动意识。扶贫先扶志，对于有能力脱贫但是行动意识比较薄弱的贫困家庭或个人，相关部门可以针对其情况的特殊性，通过链接资源，如提供职业技能培训、扩展其社会交往圈子、提供情感支持、进行心理辅导等方式来缓解配置性资源带来的贫困问题。

社会融入问题是解决相对贫困问题的重要方面。由于特殊贫困人群（如刑满释放人员、戒毒康复人员、残障人士以及外来媳、外来婿等）的致贫原因有着一定的特殊性，这就造成他们在脱贫过程中面对的社会环境更加复杂。为此，需要提升社会对其的认可度。一方面，要在社区层面进行大范围的倡议活动，普及国家对于特殊贫困人群的政策，反对污名化，拒绝排斥，促进特殊贫困人群更好地融入社会；另一方面，要将特殊贫困人群与相关用人单位对接起来，而最优途径就是与招聘单位对接。相关部门对其服务的贫困人群需要进行职业评估并将评估结果提交用人单位，打消用人单位的顾虑，解决特殊贫困人群的就业问题。

优化社交环境是解决相对贫困问题的必要手段。由于贫困，贫困者常会因自卑而将自己封闭在相对固定的环境之中，从而影响贫困者脱贫的决心与信心，甚至造成贫困的代际传递。因此，一方面，专业组织如社会工作服务机构可以通过小组或社区活动的形式，使原本被分散、分隔的贫困人群走出封闭，在活动中潜移默化地提升他们的认知水平与交往水平；另一方面，社会工作等专业机构可以对接重点院校的学生志愿者走进贫困家庭，定期给贫困家庭子女进行学业辅导，提升其受教育水平，并引导其努力学习，通过接受教育来使自己家庭摆脱贫困状况。

参考文献

Oscar Lewis，2004，《贫穷文化》，丘延亮译，台湾：巨流图书公司。

安东尼·吉登斯，1998，《社会的构成：结构化理论纲要》，李康、李猛译，北京：生活·读书·新知三联书店。

安东尼·吉登斯，2016，《社会的构成：结构化理论纲要》，李康、李猛译，北京：中国人民大学出版社。

陈逢文、付龙望、洪家瑶，2019，《创业网络演化过程如何发生——基于“结构—行为”互动机制的案例研究》，《南开管理评论》第2期。

关信平，2002，《经济全球化、社会不平等与中国社会政策转型——兼论加入WTO后的新挑战》，《东南学术》第6期。

韩莹莹、范世民，2016，《结构化理论视角下城市贫困的致贫因素及作用机理》，《求索》第7期。

洪大用，2003，《中国城市扶贫政策的缺陷及其改进方向分析》，《江苏社会科学》第2期。

洪大用，2004，《转型时期中国社会救助》，沈阳：辽宁教育出版社。

李强，2005，《中国城市贫困层问题》，《福州大学学报》（哲学社会科学版）第1期。

李晓红，2010，《城市贫困人口的致贫原因分析——基于人力资本产权的视角》，《城市问题》第4期。

唐钧，2001，《中国的城市贫困问题与社会救助制度》，《江海学刊》第2期。

王锴，2018，《中国城市贫困现象的实证研究》，《重庆社会科学》第11期。

习近平，2021，《在全国脱贫攻坚总结表彰大会上的讲话》，中国政府网，http://www.gov.cn/xinwen/2021-02/25/content_5588869.htm。

郑杭生、李棉管，2009，《中国扶贫历程中的个人与社会——社会互构论的诠释理路》，《教学与研究》第6期。

Giddens, Anthony. 1984. *The Constitution of Society: Outline of the Theory of Structuration.* Berkeley: University of California Press.

Hong, Zhaohui. 2005. "The Poverty of Social Rights and Dilemmas of Urban Poverty in China." *Journal of Contemporary China* 14 (45): 721-739.

城市更新视角下老年友好城市建设的对策研究

——以上海为例*

阳　方　高有融　周　翔**

摘　要　老年友好城市致力于打造兼具包容性、便利性、可及性的城市，努力减少各种制度、设施、社会包容等方面的障碍，促进健康老龄化和积极老龄化。本文旨在探讨疫情防控常态化背景下上海在老年友好城市建设过程中面临的问题及挑战，并从城市更新的角度提出对策和建议。上海在老年友好城市建设方面存在的问题包括：养老设施和服务资源建设不充分、不均衡；老年人群面临巨大数字鸿沟，疫情背景下尤其凸显；老旧小区基础设施陈旧，难以应对突发公共卫生事件；无障碍设施和适老化改造设施不完善，亟须加强监管。针对上述问题和挑战，本文从城市更新的角度提出以下对策和建议：推动系统和整体布局，加强各部分协同合作；优化养老服务设施布局，提升养老服务能级；发挥老年人的主体作用，精准满足老年人的需求；加强老旧小区改

* 本文系上海市教育发展基金会和上海市教育委员会“曙光计划”项目“超大城市老年人孤独感研究”（项目号：21SG40）的阶段性成果；本文研究工作亦得到上海市科学技术委员会（项目号：20DZ2251900）的资助。

** 阳方，上海大学社会学院社会工作系副教授，主要研究方向为老年社会工作、社会心理服务等；高有融，上海大学社会学院社会工作系硕士研究生，主要研究方向为老年社会工作；周翔，上海大学社会学院博士研究生，主要研究方向为社会心理学。

造及社会治理，提升公共突发事件的应对能力；全面发展适老型智能交通体系，优化老年人出行环境；构建老年友好数字环境，助力老年人共享数字智能社会。

关键词 老年友好城市 城市更新 积极老龄化

一 问题提出

老年友好城市（Age-Friendly City）理念最初在第十八届世界老年学与老年医学（IAGG）大会上提出，世界卫生组织于2006年在全球33个城市启动了“全球老年友好城市”项目，并于2007年发布《全球老年友好型城市指南》（*Global Age-Friendly Cities: A Guide*）（以下简称《指南》）。《指南》从户外空间和建筑、住房、交通、社会参与、公众参与和就业、尊重与社会包容、交流、社区支持与医疗卫生保健服务八个方面介绍了老年友好城市的主要特征。自《指南》发布以来，它已被用作评估和改善各国城市对老年人的友好性以及防止老年人被社会排斥的基本工具，也被作为许多城市的规划倡议和国家老龄友好环境项目的基础（Chung et al.，2021；World Health Organization，2018）。依据《指南》，老年友好城市本质为老年宜居城市，努力减少各种制度、设施、社会包容等方面的障碍，其兼具包容性、便利性与可及性，从而促进老年人的健康老龄化和积极老龄化（World Health Organization，2007）。

随着老龄化程度不断加深，积极应对老龄化已成为国家战略，国家以及各级政府致力于推进健康老龄化以及积极老龄化。世界卫生组织在2015年发布的《关于老龄化与健康的全球报告》中把健康老龄化定义为“发展和维护老年健康生活所需要的功能和功能发挥的过程”。老年人随着年龄的增加，可能会面临身体机能下降、活动能力受限等状况，但是功能发挥是老年人内在能力与友好环境的相互作用，老年人的生活环境是否友好，决定了其是否能够按照自身观念和偏好来生活和行动（World Health Organization，2015）。对老年人友好的城市环境有利于减少老年人在老化过程中面临的困难和挑战。积极老龄化旨在提高老年人的生活质量，三个基本要素包括健康、参与、保障（World Health Organization，2002）。健康是基于整个生命历程，不仅强调居民在各个方面享有充分的机会和平等的待遇，也在确保个人独立性、幸福感与尊严的基础上，享受健康促进与疾病预防等服务；参与则是在最大限度满足居民参与性的基础上，通过社会支持为其提供终身教育和终身学习的机会，鼓励其积极参与经济和社会发展活动；保障是在居民年老过程中，满足其社会、经济、人身安全需要和基本权利，并提供基础性社会保障和服务，确保居民得到保护、尊严和照顾。

随着全球老龄化的不断加深，很多国家提出各自老年友好城市行动准则。窦晓璐等（2015）在梳理了世界卫生组织以及其他4个国家的老年友好城市行动准则后，认为各国的老年友好城市建设没有统一的判断标准，但是行动方案都考虑到了要通过城市设施和社会环境的建设和维护，来满足老年人的需求，促进老年人的健康老龄化和积极老龄化。而城市设施和社会环境的建设和维护与城市更新息息相关，城市更新的理念是以人民为中心的发展观，对城市的功能和空间形态进行持续的更新。

民政部预测数据显示，“十四五”期间，我国老年人口将突破3亿人，将从轻度老龄化迈入中度老龄化。上海市作为中国第一个进入老龄化的城市，截至2021年底，户籍老人有533.49万人，占比为36.1%，已经进入深度老龄化阶段。面对由此产生的一系列问题，上海市自2009年开始“老年友好城市”试点工作，并于2013年和2015年分别制定和通过了《上海市老年友好城市建设导则（试行）》与《老年友好城市建设导则》，积极推动老年友好城市的建设和城市更新。疫情期间，老年人在生活保障、养老服务、看病就医、交通出行等方面受到了严重的影响。在疫情防控常态化的背景下，如何推进城市更新，让老年人生活更安全、更便捷、更幸福，助力老年友好城市的建设，是一个亟须解决的问题。本研究旨在梳理上海老年友好城市建设中存在的问题，并从城市更新的角度来探讨如何推进老年友好城市的建设，从而提升老年人的安全感、幸福感和获得感。

二 老年友好城市建设海内外实践现状

文献针对老年友好城市的内涵进行了探讨。例如，张洁林（2015）认为老年友好城市是为适应老年人需求，为其安度晚年而创造的一种安全、舒适、优美、和谐的生存环境。于一凡（2018）认为满足老年人生活需求的硬件环境，促进老年人健康和社会参与的软件环境，为其提供福祉保障、满足不同层次需求的养老服务环境，以及与之相关的实施机制和政策环境均包含在老年友好城市的建设中。袁昕（2021）在《清华城市健康设施指数》发布会上将老年友好城市定义为城市通过优化物质环境、完善政策体系、营造参与氛围，满足老年人的生活需求，提升为老服务质量，并为老年人创造实现自我价值的机会，从而促进积极老龄化，增强老年人的幸福感与获得感。现有研究主体思想则较为一致，即为老年人营造一种适宜的居住、出行及安全保障的生活和社会环境。

1. 国内老年友好城市建设路径

上海积极回应世界卫生组织“建设老年友好城市”的倡议，在政策导向下建设全方位的老年服务体系（Wang et al.，2017）。2012年，上海市人民政府印发《上海市老龄事业发展“十二五”规划》，提出要推进老年友好城市建设，推动老年服务和基础设施建设改造，营造环境优良、交通便利、住所适宜、尊老助老、健康积极的社会环境。2015年，上海市出台《老年友好城市建设导则》，内容涵盖户外环境和设施、公共交通和出行、住房建设和安全、社会保障和援助、社会服务和健康等9个方面。2016年，《上海市老龄事业发展“十三五”规划》进一步将老年宜居社区建设列为重点项目，指出要全面建成老年友好城市、建设宜居社区，使老年人生活在环境优美、居住舒适、设施齐全、服务完善、文明和谐的社区环境中。2021年，《上海市老龄事业发展“十四五”规划》出台，明确提出要在城市更新背景下，开展城市环境友好建设和适老化改造工程，加快建设老年友好社会。在政策引领下，上海初步构建起多方位的老年服务体系，养老服务设施的数量、质量都在稳步提升，政府也逐渐从管理者的角色转变为服务者。未来，上海老年友好城市建设会更趋向于精细化发展，吸收国际老年友好城市建设经验，构建具有上海特色的养老服务模式（上海市卫生健康委，2021）。

香港的老龄化增长速度较快，且人口密度高、房屋产权归属复杂，直接改造的挑战性较大，因此将老年友好城市建设重点放在改造和提升社区环境上，打造“易行社区”，提升城市空间的易行性。对于老年人来说，步行是其最常用的出行方式，一定范围、可供使用的步行空间，不仅能够满足老年人锻炼身体的需要，也可以提升老年人社会参与的积极性，增强老年人对城市的归属感（Loo et al.，2017）。香港“易行社区”建设主要包括：连通不同的步行网络，提供安全和舒适的步行环境，打造愉快的步行体验，以及提供智能化的步行信息。实现“易行社区”的关键点在于利用紧凑、琐碎的城市空间，最大限度地节约土地资源，建设多功能的城市社区。“易行社区”在一定程度上满足了城市老年人出行的需求，增强了其幸福感和依恋感，有助于实现“居家安老”（孙羿、凌嘉勤，2020）。

相较于其他城市，台湾老年友好城市建设更为注重内外资源的整合，形成长效稳定的社区营造模式。一方面，通过社区环境的合理规划，打造符合老年人需求的公共空间，注重细节设计，加强不同年龄段群体的互动交往，创造老年友好的外部环境；另一方面，引导老年人参与社区建设，结合自身兴趣爱好，主动经营管理社区各项事务，实现自身价值，做到“自养其身”（崔莹莹、卓想，2017）。在多个部门的共同努力和组织协调下，2013年，台湾的22个县市均成为世界范围内老年友好城市覆盖率最高的地区，积极应对人口老龄化带来的负面影响，也大大提升了城市的吸引力和竞争力，有利于社会的稳定和持续发展（谢楠，2017）。

2. 海外老年友好城市建设路径

“老年友好城市”的概念和具体实践都源自海外，在“原居安老”（Age-in-Place）和“积极老龄化”（Active Aging）等理论的带领下，不同国家都进行了一系列的探索和尝试，由此提供了许多可供参考的案例和经验总结。

美国和英国在建设老年友好城市的具体路径上，重点在于改造老年人的生活环境，为老年群体提供高品质的生活服务。美国旨在建设“宜居社区”，为老年人创造舒适、开放的物理空间，提高老年人独立生活的能力（Kochera & Bright，2006）。美国纽约市通过提供经济适用型的老年住宅、提升公共交通设施便捷性、开设面向老年群体的公众参与平台等措施，成为首批世界老年友好城市之一，取得了示范性的成就（胡庭浩等，2016）。英国于2008年提出建设“终生社区，终生住宅”的目标，设计可持续发展的社区（Harding，2007；Kohler，2007）。为此，英国政府实施了一系列措施，诸如增加社区无障碍设施、对居民住宅进行适老化改造、提升各类交通服务设施的可达性、为老年人提供各类活动场地，改善和提升了老年人的居住条件和生活质量（于一凡、贾淑颖，2017）。近年来，英格兰尝试将数字化与老年友好城市相结合，为老年人打造数字化平台，帮助老年人迅速获取所需的信息资源，提高他们的数字技能，助力老年群体融入数字化时代，在建设老年友好城市过程中做到与时俱进、不断创新（Reuter et al.，2020）。

爱尔兰作为最早参与老年友好城市项目的国家之一，更为注重行动前的“准备工作”。研究表明，自下而上的参与机制与治理模式是老年友好城市的重要面向，有助于让老年人真正成为友好城市的受益人（Lui et al.，2009）。为了实现“老年友好爱尔兰”，爱尔兰政府及社会组织面向社区开展咨询活动，以访谈和焦点小组的形式评估社区环境并进行数据分析，全方位地收集老年人的需求。这一系列需求导向的实践行动，充分调动了老年人参与社会事务的积极性，促使老年人群成为老年友好政策的建议者、参与者、决策者，并在这一过程中让全社会认识到了老年人的重要地位，逐渐改变大众对老年人的刻板印象，营造了老年友好的社会氛围（同春芬、苏芮，2019）。

在建设老年友好城市这一目标上，日本则是从“更新理念”出发，倡导“积极老龄化”，致力于建设“不老社会”。为实现这一目标，改变人们对“老化”的传统观念，日本鼓励老年群体积极进行社会参与，并且倡导“终身学习”的人生，通过开发老年人再就业、开设老年职业介绍等新兴领域，激发他们社会参与的活力、发掘其自身潜力（郭佩，2021）。日本的老年友好城市建设，不仅局限于硬件设施的更新与升级，更重要的是打破了传统代际鸿沟，塑造老年友好的社会氛围与文化，以理念的变革更新推动老年友好城市建设。

3. 疫情背景下的老年友好城市建设面临的挑战

突发性公共卫生事件对于老年友好城市建设的各个方面均产生重要的影响。DeLange 等（2020）使用焦点小组访谈与半结构化访谈，从老年学家、服务提供者以及老年人自身的视角出发，分析了新冠肺炎疫情全球蔓延对于老年友好城市建设的影响。该研究发现大流行减少了城市老年人接触公园、博物馆、城市便利设施及医疗保健等重要资源的机会，影响其交通出行方式的选择、与子女亲友的会面、住房，也降低了老年人的社会参与、造成年龄歧视以及数字鸿沟等。同样 Fraser 等（2020）的研究也指出新冠肺炎疫情全球蔓延加剧了社会公众对老年人的排斥和偏见，也引起了在重大公共卫生事件下对老龄化问题的探讨。

三 上海老年友好城市建设面临的问题与挑战

在过去几十年里，上海通过推进适老化环境和无障碍设施等建设，让老年人更加舒适地生活在城市和社区中，但是还存在以下问题和挑战。

1. 养老设施和服务资源建设不充分、不均衡

养老基础设施存在布局不均衡、利用效率低下的现象。如中心城区老龄化程度较高且老年人需求较高，养老设施密集，可达性较高，但是养老设施和服务资源不足，无法满足老年人的需求，呈现“高需低配”。刘小佳（2020）对上海市养老机构的空间分布状况进行分析，发现中心城区养老机构数量占全市养老机构数量的40%，但却承担上海市75%的养老需求，存在供需不匹配情况；在养老机构床位数上，中心城区养老机构床位数仅占郊区床位数的58%，远不能满足老年人的需求；在社区养老设施上，王兰等（2021）研究发现上海市中心城区60%的老年人在仅25%的社区养老设施整体服务覆盖之下，其中长者照护之家的高需低配供需失衡区最多。同时，中心城区开发已达到极限，很难有可供开发的增量空间用以支持养老设施的建设与运营。在现有的存量设施中，养老服务设施承载功能有限，亟须进行规划指引和功能提升。此外，远郊包括五个新城在内的养老服务设施及服务半径覆盖率不足，王晶和高向东（2018）在对上海市养老机构空间可达性及公平性的分析中，发现上海市养老机构的空间可达性中心城核心区最佳，而远郊区最差，养老机构布局欠佳，区域间差异较大，优质养老服务资源缺乏，无法满足老年人多元化的需求。因此，解决养老设施的布局不均衡，提升养老设施的可及性和利用效率成为亟须解决的问题。

2. 老年人群面临巨大数字鸿沟，疫情背景下尤其凸显

上海大学数据科学与都市研究中心2022年3月的一项全市范围调查表明，老年人对于上海城市基础设施数字化措施的满意度显著低于其他年龄群体。存在的问题主要是缺少适老化数字产品，此外针对现在很多行业提倡的线上业务办理，以及老年人在出行、购物或看病时需要扫码、支付等操作，均对老年人生活造成了困扰（张智、王晓慧，2022）。尤其是在疫情期间，检测核酸需要出示核酸码，日常生活物资需要在手机上抢购，涌现出的网购、“拼团”也是基于智能电子设备进行的，出入公共场所和搭乘公共交通工具需要扫描场所码，还需要在核酸码、随身码等不同的码之间切换，这些对于年轻人来说很容易的操作，对于老年人来说困难重重。本来已深陷数字鸿沟的老年人在疫情背景下的“数字生活困境”越发凸显（李思嘉，2022）。

3. 老旧小区基础设施陈旧，难以应对突发公共卫生事件

疫情期间，老旧小区成为疫情防控工作的重点区域，疫情反弹风险较高，防控工作难度较大。上海目前仍有数量较多的老旧小区，房屋间距狭小，人员居住密集，缺乏独立的厨卫设施和完善的环卫设施，居住条件较差，且无障碍设施和适老性服务设施匮乏（马志超，2022）。这些老旧小区的社区服务设施往往设置分散，缺乏整体性规划；还有不少老旧小区内部房屋产权复杂，物业管理力量薄弱，基层治理能力相对有限（李宏亮、朱京海，2022），这些都使疫情防控工作难上加难。此外，老旧小区的老龄化程度普遍较高，疫情期间部分老年人缺少充足的生活保障，严重影响了老年人的生活质量。

4. 无障碍设施和适老化改造设施不完善，亟须加强监管

现有城市基础设施在无障碍以及适老化方面还未能充分满足老年人的出行和生活需求。在无障碍设施建设方面，有些无障碍设施设计和布局方面缺少系统性和连续性，未能与其他基础设施顺畅连接。杨锃（2018）基于上海都市社区调查（SUNS）分析发现上海市无障碍设施在社区层面的配置尚不完善，且相关设施普及率从中心城区到远郊区不断降低，部分老旧小区无障碍设施尚未改造。地铁站、商场等公共场所无障碍设施标示不明，不易识别；人为因素导致无障碍设施被占用、被损坏，而无法正常使用；缺乏严格管理，未定期进行维护和保养等原因造成无障碍设施使用不便（胡玲玲，2022）。在社区环境的适老化建设方面，缺少明确规范的要求或标准，尤其是一些建成年代较早、设施较为陈旧的老旧小区问题最为突出，社区适老环境的建设现状不容乐观。社区中无障碍设施的配置比例较低，缺少斜坡、电梯、公共绿地、座椅等装置，居家环境缺少无障碍设施，社区环境不宜居、不适老的问题突出（马志超，2022；卫泽华、周静敏，2019），严重影响了老年人的社区生活，因此这些情况亟待改善。

四 推进城市更新，助力老年友好城市建设的对策和建议

老年友好城市的建设不仅包括满足老年人生活需求的居住空间、出行条件、公共空间等硬件环境，也包括促进老年人社会参与、敬老孝老以及相关的政策等社会环境。面对上海老年友好城市面临的问题，进行城市更新推进老年友好城市建设是一个系统工程，需要强调多部门之间的协调合作、多学科之间的有机联动以及全生命周期的工作思维。而城市更新是一项持续改善城市空间形态和功能的活动，涉及多个阶段，包括规划、设计、施工、运营等，每个阶段始终秉承“以人的需求作为出发点”的原则。《中共中央 国务院关于加强新时代老龄工作的意见》里明确提到，贯彻新发展理念，结合城市更新工作，大力推进老年宜居环境建设，加快构建老年友好型社会。由此可见，城市更新对于推动老年友好城市建设具有重要的作用，在城市空间和功能上创设老年友好的硬件环境和软件环境，促进可持续的城市发展。上海作为特大城市，老龄化程度不断加深，加上疫情的影响，使得老年友好城市建设面临诸多困难和挑战。为此，本文针对如何践行“人民城市”理念、推进老年友好城市建设、提升老年人的获得感和幸福感提出相关对策和建议。

1. 推动系统和整体布局，加强各部分协同合作

推动系统和整体布局，将老年友好城市建设纳入城市社会经济发展体系以及城市应急体系。城市更新的首要环节是城市规划，而老年友好城市建设需要正视老龄化与住房、交通、公共空间、养老服务等多方面的关系和联系，也需要以一种前瞻性和全龄友好的视角来推动老年友好的城市空间形态和功能建设。城市更新需借助多学科跨部门协同合作，构建老年友好型社区建设的长效机制，统筹安排老年友好型社区建设工作的基础，制定规划和标准，分重点、分步骤组织实施（同春芬、苏芮，2019），建立健

全符合城市实际情况的公共基础设施和公共场所适老化改造标准，完善现行适老化及无障碍设计标准与管理办法。统筹协调社区存量基础设施的更新，兼顾经济与社会效应。综合掌握老年友好城市的建设进程和效果，分析研判老年友好城市建设存在的优势和短板，尤其是疫情期间凸显出来的老年人面临的诸多问题，进而以科学精准的方式推进老年友好城市的建设方向和路径。

加强协同合作，减少部门之间的壁垒。老年友好城市建设是一项系统工程，涉及众多部门和行业，需要政府部门、社会组织、市场企业、社会公众等多方主体的参与合作，在共同价值和目标的基础上，发挥各自优势与特长，加强各部门各主体的沟通协作，促进协同联动发展（Fitzgerald & Caro, 2014）。一方面，要制定统一的建设标准，打破信息壁垒，实现信息、数据互通共享；另一方面，各部门要善于发挥各自职能作用，从规划、设计、施工、管理等工作环节发挥共筑老年友好城市的强大合力。

2. 优化养老服务设施布局，提升养老服务能级

科学合理规划并优化养老服务设施布局，提升养老服务能级。结合区域在空间资源、老龄化程度和发展导向等方面的特点，推进差异化资源配置，以及分区发展指引策略，引导养老服务设施新增及更新向需求集中区域配置（顾娟、马文军，2020）。对于中心城区，老龄人口规模虽大但是未来增速趋缓，需要控制大规模养老设施的建设，充分挖掘存量设施和空间，深化社区嵌入式养老服务设施配置，推动存量养老服务设施提升改造，加强土地集约利用，并逐步探索区外养老补偿机制，形成与其他区县良好的养老互动发展格局。对于远郊区尤其是五个新城，积极吸引社会资本进入养老设施建设，积极拓展发展空间，推进增量设施的高标准建设，提升存量设施的更新和改造水准。因地制宜嵌入符合老年人需求的多元化服务，提升服务可及性和便捷性，加强养老服务设施评估与监管，提升养老服务质量。

3. 发挥老年人的主体作用，精准满足老年人的需求

重视老年人的主体作用，构建老年人表达的机制和途径，构建以老年人为中心的老年友好城市建设体系。老年友好城市的建设需要打破以项目为导向的建设工作，而应该以老年群体需求为建设起点，以老年主体参与为建设架构，持续打造积极老龄化政策下的老年友好城市（张佳安，2021）。一方面，相关部门要广泛调研城市公共基础设施和公共场所适老化改造情况，摸清家底。通过对“改哪些”“如何改”“改成什么样”组织问卷调查、召开座谈会等，广泛征求老年人和从事养老服务的工作人员的意见。另一方面，为老年人畅通参与老年友好城市建设的渠道和途径，促进公众需求与规划方案的合理匹配，构建“自下而上”的城市建设模式，提高城市建设的完善度、满意度，满足老年人未被满足的需求。

研判老年人的需求，精准满足老年人的需求。聚焦老年人需求，是老年友好城市建设和养老服务发展的关键（同春芬、苏芮，2019）。经过此次疫情，老年人在有关养老、生活、出行等方面的需求较之前是否有变化，有什么变化，需要在充分调研的基础上，厘清这些问题，科学合理研判老年人的需求，要充分激活有效需求，协调普遍老人的既改需求、传统老人的地缘需求以及特殊老人的照护需求，顺应老年人需求引领老年友好环境建设，加强老年人权益保障，打造友善适老环境。此外，建立健全老年友好型社区的长期动态评估机制，尤其是在疫情防控期间，关注老年人作为弱势群体的多元需求，提升对独居、高龄、失能失智等重点老年群体的服务能力，长期追踪老年群体需求变化，进行及时、灵活和科学的措施应对与政策调整。

4. 加强老旧小区改造及社会治理，提升公共突发事件的应对能力

推进老旧小区改造和维护的标准化、规范化、整合性。老旧小区改造涉及多管理部门、多利益主体，可联合相关部门建立专门的老旧小区改造更新管理部门，实现多部门联动与协作，出台指导意见和标准，规范老旧小区的更新与改造（李彦琛、谢媛，2022），提高改造效率。根据城市发展速度和城市化水平建立日常运营维护和定期更新改造机制，改变一次性改造机制，建立持续性运营维护机制，促进老旧小区与城市发展同步，实现可持续更新与发展。整合社区及周边存量资源，通过新建或扩建等方式，将闲置空间资源改造成社区停车场、养老、托幼、医疗、助餐等公共服务设施，推动连片更新和整体提升，不断优化城市社会空间结构，集成联动实施改造。

探索长效新型社区治理模式。加强政府合理引导，鼓励社区自组织，提高居民参与度。聚合不同利益主体的观点和需求，探索“自上而下”与“自下而上”相结合、融入多元主体利益的共建共享共治新模式。开展社区营造，重塑居民对于社区的信任，增强社区凝聚力，建构具有共同体精神的社区（李宏亮、朱京海，2022）。整合老旧小区内部组织的资源，培育社区自治精神，激发基层群众参与治理的热情，挖掘其服务能力，提升老旧小区的韧性。

5. 全面发展适老型智能交通体系，优化老年人出行环境

完善公共交通设施，全面发展适老型智能交通体系。老年友好城市建设需要基于老年群体的出行需求，不断完善老年出行服务、优化公共交通体系（王泽夏等，2022）。需要将老年人的出行特点与需求纳入公交体系和疫情防控的设计与规划，推进公交站点、地铁站点内部适老化改造，尽量采用老年友好交通工具，如选用低地板式公交车，在地铁车厢配置无障碍座椅，在地铁站配置轮椅升降梯等设施，提升公共交通换乘的便捷性。提升公共交通系统可达性和可靠性（王进坤、杨红平，2017），如提高公交线网密度，提高车站尤其是居住小区附近的站点覆盖率，在车站设置遮光棚、座椅等设施，设置电子显示牌，提供车辆线路、到达时间等信息。同时，通过提供社区周边，尤其是老龄人口比例较大社区的短途接驳交通服务，适当扩大老龄人口出行范围，为其提供安全、便捷的短途接驳交通服务，进一步满足老龄人口出行需求，提高其生活品质。

6. 构建老年友好数字环境，助力老年人共享数字智能社会

构建老年友好数字环境，推进信息无障碍建设。推动平台协同治理，打造数字命运共同体，提高服务便捷性，高效协同线上线下服务，建立解决老年人面临的“数字鸿沟”问题的长效机制。分析研判疫情期间老年人“数字生活困境”的具体表现以及成因，联合相关部门研讨解决方案，切实让老年人享受数字生活便利。在鼓励推广新技术、新方式的同时，保留老年人熟悉的传统服务方式，加快共推智能终端适老化（王文，2022）。例如，允许老年人携带身份证或者携带纸质版码进行核酸检测、乘坐公共交通工具或者进入公共场所。需要进一步简化智能终端产品，减少界面诱导广告内容，降低财产安全风险，提高语音识别的精度（王文，2022）。普及智能终端产品适老化设计理念，支持有条件的企业邀请老年人参与产品适老化设计和研发。

多途径多方法促进老年人数字社会融入。老年人的数字社会融入需进一步拓宽途径，开创新方法。诸如，通过改善算法，在提供和推送内容等环节，为老年人遴选并推荐展示优质信息和内容，加强信息数字化防范措施，预防老年人网络诈骗。在常态化疫情防控下，组织、引导社区组织、机构和各类社会力量进社区，通过喜闻乐见的方式，实施“智慧助老”行动，加强对老年人的数字技能教育和培训，提升老年人数字素养，提升老年人应对公共卫生事件的数字技能。

参考文献

崔莹莹、卓想，2017，《台湾老年社区营造模式的经验与启示》，《国际城市规划》第 5 期。

窦晓璐、约翰·派努斯、冯长春，2015，《城市与积极老龄化：老年友好城市建设的国际经验》，《国际城市规划》第 3 期。

顾娟、马文军，2020，《上海市养老设施布局的评价与优化研究》，《城市建筑》第 4 期。

郭佩，2021，《建设老年友好城市，日本都做了什么?》，《中国社会保障》第 8 期。

胡玲玲，2022，《多维与包容：老龄背景下城市老旧社区户外环境无障碍设施配置与适老化设计研究》，《城市建筑空间》第 7 期。

胡庭浩、沈山、常江，2016，《国外老年友好型城市建设实践——以美国纽约市和加拿大伦敦市为例》，《国际城市规划》第 4 期。

李宏亮、朱京海，2022，《突发公共卫生事件下老旧小区的韧性规划思考》，《城市建筑空间》第 6 期。

李思嘉，2022，《数字包容理论下老年群体的智能媒体使用研究》，硕士学位论文，北京外国语大学。

李彦琛、谢媛，2022，《新冠疫情防控中城市老旧社区的韧性研究》，《经济研究导刊》第 1 期。

刘小佳，2020，《上海市养老机构空间布局的影响因素及优化研究》，硕士学位论文，上海工程技术大学。

马志超，2022，《上海老旧社区公共空间适老化改造设计研究》，硕士学位论文，东华大学。

上海市卫生健康委，2021，《积极打造国际老年友好城市名片 全面推进老年友善医疗机构建设》，《健康中国观察》第12期。

孙羿、凌嘉勤，2020，《城市空间易行性及其对老年友好城市建设的启示：以香港为例》，《国际城市规划》第1期。

同春芬、苏芮，2019，《爱尔兰老年友好社会政策及其借鉴意义》，《老龄科学研究》第8期。

王进坤、杨红平，2017，《适老化交通设施改善的技术探索——以昆山为例》，载《持续发展 理性规划——2017中国城市规划年会论文集（06城市交通规划）》。

王晶、高向东，2018，《上海市养老机构空间可达性的度量分析及其公平性评价》，《上海经济》第3期。

王文，2022，《信息时代下老年人数字鸿沟归因及弥合路径研究》，《网信军民融合》第2期。

王泽夏、张晓明、廖顺意、伍韵静，2022，《全龄友好城市目标下广州市适老化交通对策》，《城市交通》第4期。

王兰、周楷宸、汪子涵，2021，《健康公平理念下社区养老设施的空间分布研究——以上海市中心城区为例》，《人文地理》第1期。

卫泽华、周静敏，2019，《基于城市既有住宅适老化改造的居住需求调查与分析——以上海地区为例》，《建筑技艺》第12期。

谢楠，2017，《台湾年龄友好城市建设经验及主要特色——以台湾嘉义市为例》，《老龄科学研究》第10期。

杨锃，2018，《“正常化”视野下公共性建设之探索——基于城市社区无障碍设施的利用与改善》，《华中科技大学学报》（社会科学版）第2期。

于一凡，2018，《“老年友好城市”离我们有多远？》，《城市建筑》第21期。

于一凡、贾淑颖，2017，《终生社区，终生住宅——英国城市的适老化建设路径》，《上海城市管理》第5期。

袁昕，2021，《袁昕：我国老年友好城市评估指标体系研究》，“清华新型城镇化研究”百家号，https://baijiahao.baidu.com/s?id=1715495071604685091&wfr=spider&for=pc。

张佳安，2021，《社区能力建设视角下老年友好社区建设的路径》，《西北师大学报》（社会科学版）第6期。

张洁林，2015，《基于“照顾单元”理念构建老年友好型社会的规划策略研究》，硕士学位论文，华南理工大学。

张智、王晓慧，2022，《上海疫情防控期间社区困难老年人的社会支持研究——以N区Y街道为例》，《上海城市管理》第4期。

Chung, S., Kim, M., Auh, E. Y., & Park, N. S. 2021. "WHO's Global Age-friendly Cities Guide: Its Implications of a Discussion on Social Exclusion among Older Adults." *International Journal of Environmental Research and Public Health* 18 (15): 8027.

DeLange, Martinez P., Nakayama, C., & Young, H. M. 2020. "Age-friendly Cities During a Global Pandemic." *Journal of Gerontological Nursing* 46 (12): 17 – 13.

Fitzgerald, K. G. & Caro, F. G. 2014. "An Overview of Age-friendly Cities and Communities around the World." *Journal of Aging & Social Policy* 26 (1 – 2): 1 – 18.

Fraser, S., Lagacé, M., & Bongué, B. et al. 2020. "Ageism and COVID – 19: What Does Our Society's Response Say about Us?" *Journal of Age and Ageing* 49 (5): 692 – 695.

Harding, E. 2007. "Towards Lifetime Neighbourhoods: Designing Sustainable Communities for All." *Journal of A Discussion Paper.*

Kochera, A. & Bright, K. J. G. 2006. "Livable Communities for Older People." *Journal of Generations* 29 (4): 32 – 36.

Kohler, M. 2007. "The New Challenge: Lifetime Neighbourhoods." *British Journal of Community Nursing* 12 (11): 527 – 529.

Loo, B. P. Y., Lam, W. W. Y., Mahendran, R., & Katagiri, K. 2017. "How Is the Neighborhood Environment Related to the Health of Seniors Living in Hong Kong, Singapore, and Tokyo? Some Insights for Promoting Aging in Place." *Annals of the American Association of Geographers* 107 (8): 1 – 17.

Lui, C. W., Everingham, J. A., Warburton, J., Cuthill, M., & Bartlett, H. 2009. "What Makes a Community Age-friendly: A Review of International Literature." *Australasian Journal on Ageing* 28 (3): 116 – 121.

Reuter, A., Liddle, J., & Scharf, T. 2020. "Digitalising the Age-friendly City: Insights from Participatory Action Research." *International Journal of Environmental Research and Public Health* 17 (21): 8281 – 8281.

Wang, Y., Gonzales, E., & Morrow-Howell, 2017. "Applying WHO's Age-friendly Communities Framework to a National Survey in China." *Journal of Gerontological Social Work* 60 (3): 215 – 231.

World Health Organization. 2002. "Active Ageing: A Policy Framework." World Health Organization.

World Health Organization. 2007. "Global Age-friendly Cities: A Guide." World Health Organization.

World Health Organization. 2015. "World Report on Ageing and Health." World Health Organization.

World Health Organization. 2018. "The Global Network for Age-friendly Cities and Communities: Looking back over the Last Decade, Looking Forward to the Next." World Health Organization.

《都市社会工作研究》稿约

为推进都市社会工作研究和实务的发展，加强高校、实务机构和相关政府部门的专业合作，上海大学社会学院社会工作系与出版机构决定合作出版《都市社会工作研究》集刊，特此向全国相关的专业界人士征集稿件。

一 出版宗旨

1. 促进都市社会工作研究的发展。社会工作系希望通过本集刊的交流和探讨，介绍与阐释国外都市社会工作理论、方法和最新研究成果，深入分析国内社会工作各个领域里的问题和现象，探索中国社会工作发展的基本路径，繁荣社会工作领域内的学术氛围，推动社会工作的进一步发展。

2. 加强与国内社会工作教育界的交流。社会工作系希望通过出版集刊，强化与国内社会工作教育界交流网络的建立，共同探讨都市社会工作领域的各类问题，共同推动中国社会工作教育和专业人才培养的深入开展。

3. 推动与相关政府部门的合作。社会工作系希望通过出版集刊之契机，携手相关政府部门共同研究新现象、新问题、新经验，并期冀合作研究成果对完善政策和制定新政策有所裨益。

4. 强化与实务部门的紧密联系。社会工作系希望通过出版集刊，进一步加强与医院、学校、工会、妇联、共青团、社区管理部门、司法部门、老龄与青少年工作部门，以及各类社会组织的密切联系与合作，通过共同探讨和研究，深入推动中国社会工作实务的开展。

5. 积累和传播本土社会工作知识。社会工作系希望通过出版集刊，能够更好地总结中国社会工作理论与实务的经验，提炼本土的社会工作专业服务模式，从而推动社会工作专业的健康发展。

二 来稿要求

1. 稿件范围。本集刊设有医务与精神健康社会工作、老年社会工作、儿童与青少年社会工作、城市社区社会工作、城市家庭和妇女社会工作、学校社会工作、社区矫正、社区康复、社会组织发展、社会政策分析及国外都市社会工作研究前沿等栏目，凡涉及上述领域的专题讨论、学者论坛、理论和实务研究、社会调查、研究报告、案例分析、研究述评、学术动态综述等，均欢迎不吝赐稿。

2. 具体事项规定。来稿均为原创，凡已经公开发表的文章不予受理。篇幅一般以 8000～10000 字为宜，重要的可达 20000 字。稿件发表，一律不收取任何费用。来稿以质选稿，择优录用。来稿请发电子邮箱或邮寄纸质的文本。来稿一般不予退稿，请作者自留稿件副本。

3. 本集刊权利。本集刊有修改删节文章的权利，凡投本集刊者被视为认同这一规则。不同意删改者，请务必在文中声明。文章一经发表，著作权属于作者本人，版权即为本集刊所有，欢迎以各种形式转载、译介和引用，但必须遵照《中华人民共和国著作权法》及有关国际法规。

4. 来稿文献引证规范。来稿论述（叙述）符合专业规范，行文遵循国际公认的学术规范。引用他人成说均采用夹注加以注明，即引文后加括号说明作者、出版年份及页码。引文详细出处作为参考文献列于文尾，格式为：作者、出版年份、书名（或文章名）、译者、出版地点、出版单位（或期刊名或报纸名）。参考文献按作者姓氏的第一个拼音字母依 A—Z 顺序分中、英文两部分排列。英文书名（或期刊名或报纸名）用斜体。作者本人的注释均采用当页脚注，用①②③④⑤……标明。稿件正文标题下分别是作者、摘要、关键词。作者应将标题、作者名和关键词译成英文，同时提供150词左右的英文摘要。文稿正文层次最多为5级，其序号可采用一、（一）、1、（1）、1），不宜用①。来稿需在文末标注作者的工作单位全称、详细通信地址、联系电话、邮政编码，并对作者简要介绍，包括姓名、职称、学位、研究方向等。

图书在版编目(CIP)数据

都市社会工作研究. 第12辑 / 范明林，杨锃主编. -- 北京：社会科学文献出版社，2022.12
ISBN 978-7-5228-1186-4

Ⅰ.①都… Ⅱ.①范… ②杨… Ⅲ.①城市-社会工作-研究-中国 Ⅳ.①D632

中国版本图书馆CIP数据核字(2022)第225630号

都市社会工作研究　第12辑

主　　编 / 范明林　杨　锃

出 版 人 / 王利民
责任编辑 / 杨桂凤
文稿编辑 / 张真真
责任印制 / 王京美

出　　版 / 社会科学文献出版社·群学出版分社 (010) 59366453
地址：北京市北三环中路甲29号院华龙大厦　邮编：100029
网址：www.ssap.com.cn
发　　行 / 社会科学文献出版社 (010) 59367028
印　　装 / 唐山玺诚印务有限公司

规　　格 / 开　本：787mm × 1092mm　1/16
印　张：12.5　字　数：199千字
版　　次 / 2022年12月第1版　2022年12月第1次印刷
书　　号 / ISBN 978-7-5228-1186-4
定　　价 / 89.00元

读者服务电话：4008918866